重庆文理学院学术专著出版基金资助项目

重庆文理学院校级重点学科学术成果

中小企业人力资源生态管理研究

田书芹　王东强◎著

图书在版编目（CIP）数据

中小企业人力资源生态管理研究/田书芹，王东强著.—北京：中央编译出版社，2017.9
ISBN 978-7-5117-3358-0

Ⅰ.①中…
Ⅱ.①田…②王…
Ⅲ.①中小企业—人力资源管理—研究—中国
Ⅳ.① F279.243

中国版本图书馆CIP数据核字（2017）第172559号

中小企业人力资源生态管理研究

出 版 人：	葛海彦
出版统筹：	贾宇琰
责任编辑：	曲建文
执行编辑：	程　彤
责任印制：	刘　慧
出版发行：	中央编译出版社
地　　址：	北京西城区车公庄大街乙5号鸿儒大厦B座（100044）
电　　话：	（010）52612345（总编室）　　（010）52612370（编辑室） （010）52612316（发行部）　　（010）52612346（馆配部）
传　　真：	（010）66515838
经　　销：	全国新华书店
印　　刷：	北京市金星印务有限公司
开　　本：	710毫米×1000毫米　1/16
字　　数：	172千字
印　　张：	13.75
版　　次：	2017年9月第1版
印　　次：	2017年9月第1次印刷
定　　价：	48.00元
网　　址：	www.cctphome.com　　邮　　箱：cctp@cctphome.com
新浪微博：	@中央编译出版社　　微　　信：中央编译出版社（ID：cctphome）
淘宝店铺：	中央编译出版社直销店（http://shop108367160.taobao.com）　（010）55626985

本社常年法律顾问：北京市吴栾赵阎律师事务所律师　闫军　梁勤
凡有印装质量问题，本社负责调换，电话：（010）55626985

目 录

前　言 ··· 1

绪　论 ··· 1
　　一、研究背景 ·· 1
　　二、研究内容 ·· 4
　　三、研究方法 ·· 6
　　四、研究价值 ·· 7

第一部分　理论研究

第一章　人力资源管理和生态学的共通性研究 ············· 11
　　一、人力资源管理面临的双重困境 ·············· 11
　　二、人力资源管理生态问题的引入 ·············· 13
　　三、人力资源管理与生态学的共通性比较 ······· 14
第二章　中小企业人力资源生态系统运行机理研究 ······· 24
　　一、生态论的引入 ·· 25

二、人力资源管理主体生态链运行机理 …………………… 26

三、主体系统稳态机理 …………………………………… 29

四、主体界面生态机理 …………………………………… 31

第二部分　问题研究

第三章　中小企业人力资源管理生态困境分析 ……………… 37

一、中小企业人力资源管理存在的问题分析 ……………… 38

二、中小企业人力资源管理困境的生态归因分析 ………… 44

第三部分　模式研究

第四章　中小企业人力资源生态管理模式研究 ……………… 53

一、"新常态"对中小企业人力资源管理的生态影响 …… 54

二、"新常态"下中小企业人力资源生态管理模式 ……… 58

第四部分　机制研究

第五章　中小企业人力资源准备度评价体系与提高方法

　　　——基于生态调控原理的分析 ……………………… 69

一、基于生态调控原理的社会转型期中小企业人力资源

　　准备度评价体系 ……………………………………… 69

二、生态调控视域下提高中小企业人力资源准备度的

　　主要方法 ……………………………………………… 75

第六章 中小企业社会化招聘流程优化机制设计
——基于生态加环原理的分析 ········· 79
一、微博时代中小企业社会化招聘的优势分析 ······ 80
二、基于生态加环的微博时代中小企业社会化
招聘流程设计 ··························· 82
三、中小企业微信招聘策略设计 ·············· 87

第七章 中小企业新生代员工心理培训长效机制研究
——基于生态干扰理论的分析 ········· 99
一、基于生态干扰理论的新生代员工心理问题的
形成机理分析 ··························· 101
二、建立健全新生代员工心理培训长效机制的
对策和建议 ··························· 104

第八章 中小企业绩效考核机制分析
——基于生态协同原理的分析 ········· 108
一、生态协同进化原理和中小企业绩效考核困境分析 ··· 109
二、基于生态协同原理的中小企业绩效考核策略分析 ··· 110
三、中小企业人力资源管理者协作的生态性评价 ····· 114

第九章 中小企业老年人力资源薪酬管理机制探讨
——基于生态位原理的分析 ··········· 119
一、生态位原理及其在薪酬管理制度方面
应用分析 ····························· 119
二、基于生态位原理的中小企业老年人力资源
薪酬管理创新——菜单式薪酬 ················· 122
三、中小企业老年人力资源薪酬管理的生态位机制 ··· 124

第十章　中小企业新生代员工和谐劳动关系机制构建
　　——基于生态因子原理的分析 …………………… 127
　　一、生态因子原理及中小企业新生代员工和谐
　　　　劳动关系的限制因子分析 ………………………… 127
　　二、营造中小企业新生代员工和谐劳动关系制度
　　　　生态环境 …………………………………………… 129

第十一章　中小企业解决大学生就业问题研究
　　——基于生态适应理论的分析 ………………………… 136
　　一、ARR 公司 HR 解决大学生"就业难"的主要策略　137
　　二、企业 HR 解决大学生"就业难"问题的相关启示　142

第五部分　应用研究

第十二章　中小企业职业经理人制度研究
　　——生态系统管理方法的应用 …………………… 149
　　一、职业经理人制度在中小企业发展过程中的
　　　　作用分析 …………………………………………… 150
　　二、中小企业人才队伍建设面临的主要问题 ………… 154
　　三、国外职业经理人制度建设的典型经验 …………… 157
　　四、生态系统视角下的中小企业职业经理人
　　　　队伍建设对策研究 ………………………………… 160

第十三章　中小企业吸纳退役士兵就业问题研究
　　——生态关系管理方法的应用 ……………………… 173
　　一、中小企业吸纳退役士兵就业面临的主要问题 …… 174

二、中小企业吸纳退役士兵就业的教育培训模式
　　创新研究 …………………………………… 177

三、中小企业吸纳退役士兵就业的教育培训
　　保障机制研究 ……………………………… 184

第十四章　中小企业员工投入问题研究
　　——生态基因管理方法的应用 …………………… 189

一、工作投入研究述评 …………………………… 190

二、中小企业员工工作投入的文化考察 ………… 191

三、提高中小企业员工工作投入度的主要对策 …… 194

后　记 ………………………………………………… 198

参考文献 ……………………………………………… 200

前　言

　　一般而言，社会转型是指经济体制、政治理念、文化形态、价值观念等发生整体而全面的深刻变化。其对中小企业人力资源管理的影响体现在以下几方面：一是随着计划经济向市场经济的深度转型，中小企业人力资源管理必须面向市场，面向客户，才能实现利益的最大化，这使得中小企业更加重视面向市场和客户进行战略化人力资源管理。二是威权政治向民主政治的转型，不仅为中小企业在社会上选择技术水平高、文化素养好、综合能力强的潜力员工提供了可贵的契机，更为中小企业进行运营管理、客户管理和内部流程再造提供了内驱力，这使得中小企业更加重视员工参与的人本化人力资源管理。三是随着文化多元化的不断深入，中小企业核心竞争力越来越取决于能否建立一支具有共同愿景和价值观的高素质学习型团队，这使得中小企业更加重视文化传承和创新的人力资源开发和成长。此外，随着风险社会的到来，中小企业为了减小风险，控制人力资源成本，使企业转型与社会转型相适应，就必须重视人力资本经营，把人力资源变成人力资本，不断加强以提高人力资源岗位胜任力、综合素质以及工作业绩为目标的开发式培训。总之，经济、政治和文化等方面的社会转型给中小企业人力资源管理提出了新的挑战和要求，传统的、独立的和单一的学科研究已远不适应当代和未来科学本身的发展，越来越多的研究注重移植和运用其他学科科学的研究方法和范式进行中小企业人力资源管理的跨学科研究，主要表现在更加注重生态系统性探究，从一个互相联系的角度思考人力资源管理各要素、各环节构成关系，希望对中小企业人力资源管理行为和意义建构获得系统性的解释性理解。

本专著基于中小企业人力资源生态系统运行机理和人力资源管理存在的生态困境及生态成因，探讨社会转型过程中"新常态"对中小企业人力资源的生态多样性、生态风险、界面管理以及全面管理方面产生的多种生态影响，认为中小企业可采取多元化生态管理模式，提高人力资源管理水平。在此基础上，运用生态学理论和相关方法从生态优化的角度探讨生态管理模式和机制在人力资源规划、员工招聘、绩效考核、薪酬管理、劳动关系等中小企业人力资源管理领域中的应用问题；从生态演化的视角，探讨中小企业人力资源管理的多元化生态方法，如生态调控法、生态加环法、生态干扰法、生态位管理法、生态协同法、生态因子法、生态适应法，等等。

绪　论

一、研究背景

在新形势下，我国中小企业面临着巨大的挑战和重大的机遇，相关服务体系的出台及各地政府颁布的各种奖补政策，为促进中小企业的快速成长提供了有利的时机。全球化日益加深和全面的社会转型迫使中小企业要对变化的市场环境具有更强的响应性，运营方式和风险应对都要更加灵活、更专注于长期核心竞争力。因而，人力资源管理系统不可避免地受到外部环境与各种内部管理活动的相互作用，系统完整性、整体健康水平和适应环境变化能力等方面也面临各种风险，人力资源管理模式创新问题逐渐被提上议事日程。

目前，国外对中小企业人力资源管理的研究主要集中在以下两个方面：①中小企业人力资源管理规范化研究，影响因素有企业规模、企业战略、企业合法性、联盟网络以及所有者经理，代表性观点有：与大企业比较起来，小企业更可能采用一种非正式的和灵活的方式来经营。查斯顿（Chaston，1997）、克里克和乔德利（Crick and Chaudry，1997）、海德瑞克逊和如斯克（Hendrickson and Psa-routhakis，1998）、储勒和杰克逊（Chuler and Jackson，1987）检验了波特的三个一般战略和哪些人力资源管理实践相匹配；蒂姆·哈泽德（Tim Hazard，2003）提出所有者经理的管理经验、管理水平、管理风格等个人特质对中小企业人力资源管理的规范化有着重要的影响。企业生命周期与中小企业人力资源管理实践存在一种耦合关系，不同生命周期阶段，人力资源管理实践不同。卡赞晋（Kazanjian，1988）以及特瑞普斯特和奥尔森（Terpstra and Olson，1993）研究发现，人力资源管理活动在不同的发展阶段其重要程度也是不同的，随后汉克斯和钱德勒（Hanks and Chandler，1994）、胡昂和布朗（Huang and Brown，1999）的研究也相继证明了这一点。此外代表性的研究还有：海曼和梅森（Hyman and Mason，1995）、马修·拉瑟福德（Matthew. W. Rutherford，2003）、恰瓦雷拉（Mark. A. Ciavarella，2003）、艾治·里昂（Aegean Leung，2003）。对于各国（如美国、日本和韩国）中小企业人力资源管理模式经验的总结性研究，代表性学者如：陈建安（1999）、李玉潭（1992）、苟景秀（2006）、舒昌（2005）等。国内学者林泽炎（1999）提出了适于我国企业规范化的3P人力资源管理模式。郑海航、吴冬梅（2002）根据中小企业的特点有针对性地提出了人力资源管理的三维立体模式；谌新民、张炳申（2003）参照国内外有关中小企业的分析，提出了一套以竞争、报酬、员工进入与变动、贡献和企业文化5C分析框架为核心的中小企业人力资源管理模式。谢泗薪等（2010）设计了我国中小企业人力资源管理的聚焦战略匹配模型。②关于生态人力资源管理研究。保罗·霍肯（Paul Hawken，1994）利用生态思想系统探讨了商业活动与环境问题的相互关系。之后，詹姆斯·穆尔（James. F. Moore，1996）首次提出和定义了"商业生态系统"的概念，架构了基于共同进化模式的企业战略全新设计思路。王荣科（2003）提出努力构建人力资源管理的良好生态系统。赵秀清（2004）指出人力资源生态主要包括人力资源社会生态、文化生态、偏好生态、供求生态以及组织内部生态五个方面。颜爱民（2006）提出了人力资源生态系统的概念，对其构成要素内涵以及研究范畴进行了界定，探讨了人力资源生态系统中企业的动态调适机制。目前，从理论研究上分析，对于中小企业人力资源管理研究往往忽略了社会转型背景对中小企业人力资源管理的影响分析，更鲜有依据社会转型期过程中中小企业发展的特征创造出一套植根于人力资源管理实践的交叉学科研究体系。从实践操作上分析，人力资源管理实践研究中往往由于忽视了中小企业人力资源管理的对象主体性，无法形成扎根交叉学科实践的特色管理机制与操作方法，难以把握人力资源管理实践研究的规律，因此，急需探索带有普遍性的人力资源管理制度、机制、方法及其对策。为了深化对中小企业人力资源管理规律的认识，需要对中小企业的人力资源管理实践进行深入实证性研究，对此本书借鉴生态学学科理论和方法体系，构建和创新了适合中小企业需要的人力资源生态管理模式。

在社会转型的"新常态"背景下，学科交叉研究日益突出，在生态学跨学科分析框架下进行中小企业人力资源管理研究具有重要的价值和意义。中小企业人力资源管理更加注重生态系统性探究，从一个互相联系的角度思考人力资源管理各要素、各环节构成关系，希望对中小企业人力资源管理行为和意义建构获得系统性的解释性理；随着人口、资源、环境和经济发展的冲突和矛盾不断加剧，人类社会的可持续发展问题日益凸显，独立单一的学科研究已远不适应当代和未来科学本身的发展，越来越多的研究注重移植和运用其他学科科学的研究方法和范式进行中小企业人力资源管理的跨学科研究；面对中小企业人力资源管理的种种现实困境，人力资源管理应用研究十分注重增强对策建议的可操作性，为中小企业人力资源管理实践创新提供智力支持和现实参考。本专著探讨了社会转型过程中"新常态"对中小企业人力资源的生态多样性、生态风险、界面管理以及全面管理方面产生的多种生态影响。中小企业可采取人力资源生态圈模式、生态调适模式、生态位模式、生态链模式、生态学习模式，提高人力资源管理水平。最后，本专著在中小企业人力资源生态管理模式指导下，基于生态学理论和相关方法，从生态优化的角度探讨生态管理模式和机制在人力资源规划、员工招聘、绩效考核、薪酬管理、劳动关系等中小企业人力资源管理领域中的应用问题，从生态演化的视角，探讨中小企业人力资源管理的多元化生态方法，如生态调控方法、生态加环法、生态干扰法、生态位管理方法、生态协同法、生态学习法，等等。

二、研究内容

第一，中小企业和人力资源管理生态管理的学理性研究。研究内容：根据隐喻研究方法，反思和总结人力资源管理系统与生态系统在内涵、组成、结构、功能、调控及研究方法等方面的共通性；针对运行机理问题，阐述中小企业人力资源生态系统内管理主体生态链运行机理、主体系统稳态机理、主体界面生态机理，以生态学视角探讨中小企业人力资源生态系统在空间上展开的各组成部分相互联系、作用方式和时间上存在和发展的形态与关系。

第二，社会转型期"新常态"背景下中小企业人力资源管理现实困境和生态归因研究。研究内容：综合运用问卷调查、实地访谈和文献检索等分析方法，对我国中小企业人力资源管理基本现状进行调查分析。中小企业人力资源管理存在"虚化式"人力资源规划、"快餐式"人力资源招聘、"业余式"人力资源培训、"独立式"人力资源绩效考核、"传统式"人力资源薪酬管理和"脆弱式"人力资源劳动关系等诸多问题，可以从生态调控、生态系统、生态干扰、生态协同、生态位和生态因子的角度剖析中小企业人力资源管理困境的生态归因。

第三，中小企业人力资源生态管理模式研究。研究内容：探讨社会转型过程中"新常态"对中小企业人力资源的生态多样性、生态风险、界面管理以及全面管理方面产生的多种生态影响。在生态学视角下提出中小企业可采取人力资源生态圈模式、生态调适模式、生态位模式、生态链模式、生态学习模式，以此提高中小企业人力资源管理水平。

第四，中小企业人力资源生态管理机制研究。研究内容：在中小企业人力资源生态管理模式指导下，基于生态学理论和相关方法，从生态优化的角度探讨生态管理模式和机制在人力资源规划、员工招聘、绩效考核、薪酬管理、劳动关系等中小企业人力资源管理领域中的应用问题；从生态演化的视角，探讨中小企业人力资源管理的多元化生态方法，如生态调控方法、生态加环法、生态干扰法、生态位管理方法、生态协同法、生态学习法，等等；从生态适应的角度提出中小企业生态管理模式和机制在实践中的应用对策。

第五，生态管理方法在中小企业人力资源管理中的应用研究。研究内容：中小企业人才队伍建设过程中面临的职业化管理人才流失严重、管理人才专业化开发机制不健全、人才队伍建设配套体系不完善等主要问题。基于现实需要，总结美国、日本和德国职业经理人制度建设等典型经验，根据生态系统管理方法和中小企业发展的实际情况，提出职业经理人制度在中小企业的实现机制。中小企业在吸纳退役士兵就业过程中，面临职业教育培训实效性有待提升、就业促进机制不完善、参与教育培训的积极性不高、教育培训和就业促进缺乏有效的整合等主要问题。基于现实需要，本书根据生态关系原理总结了退役士兵教育培训的学分制银行、校企深度合作、区域协作等三种典型模式，通过比较研究方法进而探讨不同模式的实施原则、适用条件、难点阻力和配套机制并提出相应的对策。本专著在中小家族企业员工工作投入文化考察的基础上，从生态基因研究视角探讨提高其员工工作投入度的干预对策。

三、研究方法

第一，隐喻研究法。本专著通过借用生态学语言、生态学原理以及生态学方法进行隐喻类比研究，更加有效地描述与探索中小企业人力资源管理系统复杂性现象及其运行机理。

第二，质性研究法。本专著克服了研究者与研究对象分离的现象，强调研究者本人的实际参与，集观察和参与者于一身，研究者本人即是工具，在与中小企业人力资源管理者互动活动中进行研究。

第三，实证分析法。本专著综合运用问卷调查、实地调研等分析方法，借此全面揭示和明确中小企业人力资源管理现实困境实质及生态成因，进而找到问题的突破点，保证后续研究与现实的紧密结合。

第四，系统分析法。本专著把中小企业人力资源管理看成生态系统，通过系统目标分析、系统要素分析、系统环境分析、系统资源分析和系统管理分析，准确地诊断问题，深刻地揭示问题起因，有效地提出解决方案和满足利益相关者的需求。

第五，研究方法的综合性。本专著综合运用生态学、管理学、经济学等理论，采用演绎与归纳法、因果分析法、比较分析法、结构功能分析等方法进行研究。

四、研究价值

第一，理论价值。中小企业人力资源生态管理模式建构性研究，以生态学视域对确保中小企业人力资源管理系统在社会转型中的健康水平和适应能力提供了新的具有说服力的理论依据和现实依托。所提出的人力资源生态管理模式突出了以往所忽视的社会转型过程中"新常态"背景下中小企业及其人力资源管理生态特质，更加有效地描述与探索中小企业人力资源管理系统复杂性现象及其内在机理，为中小企业人力资源管理研究提供了新的视野、新的逻辑和方法，丰富了生态人力资源管理理论。

第二，实践价值。本专著研究为摆脱和解决习惯于传统社会发展模式下的中小企业人力资源管理热点、难点问题提供了可行的、可操作化的应用性生态管理机制（如人力资源规划机制、微博招聘机制、绩效考核机制、薪酬管理机制、和谐劳动关系构建机制等）、多元化生态管理方法（如生态调控方法、生态加环法、生态干扰法、生态位管理方法、生态协同法、生态学习法，等等），创造出一套植根于中小企业人力资源管理实践和学科自身、富有生态学特色的操作管理体系和实践方案。

本专著基于人力资源管理系统和生态系统的共通性基础，运用科学的研究方法，使中小企业人力资源管理系统向高效、稳定方向发展。首先，宏观层面，实现和谐中小企业人力资源管理。以生态学视域从人与组织对人力资源管理环境管理环境的诉求和人力资源管理环境对人与组织的引导两个方面研究人力资源管理系统与组织环境的适应性互动问题。其次，中观层面，凸显现代人力资源的核心地位。中小企业人力资源生态管理进一步阐释了中小企业以人为本的核心理念。最后，微观层面，推进现代中小企业人力资源管理模式和机制创新。面对社会转型带来的中小企业现实问题，生态学理论为摆脱习惯于增长模式下的传统中小企业人力资源管理困境提供了可行的路径选择和实践策略。

第一部分

理论研究
LILUN YANJIU

第一章　人力资源管理和生态学的共通性研究

出现于20世纪70年代末的人力资源管理是一门新兴的学科。一般地讲，人力资源管理是在经济学与人本思想指导下，通过招聘、甄选、培训、报酬等管理形式对组织内外相关人力资源进行有效运用，满足组织当前及未来发展的需要，保证组织目标实现与成员发展的最大化。从具体过程来讲就是预测组织人力资源需求并做出人力需求计划、招聘选择人员并进行有效组织、考核绩效支付报酬并进行有效激励、结合组织与个人需要进行有效开发以便实现最优组织绩效的全过程。

一、人力资源管理面临的双重困境

人力资源管理的发展阶段至少可划分为三个阶段：人事管理阶段、人力资源管理阶段和战略人力资源管理阶段。人事管理阶段，是以"事"为中心的管理模式，该阶段人事部门主要处理与人相关的日常事务性工作；人力资源管理阶段，是以"岗位"为中心的管理模式，是针对岗位进行的人力资源管理各项活动，此阶段人力资源部门为策略性服务部门；战略人力资源管理阶段，是从公司战略出发，针对岗位开展的人力资源管理活动，此阶段人力资源部门已经上升为战略支持部门。在以上人力资源管理的发展过程中，可以看出，人力资源管理的核心经历了这样的发展："事—人"⟶"岗位—人"⟶"公司—岗位—人"。人事管理阶段，是针对员工开展的事务性工作，并不涉及人力资源管理的关键活动，对人力资源的增值作用较弱。人力资源管理阶段，是通过工作分析，明确岗位职责与任职要求，从而开展招聘、培训、薪酬与绩效等各项人力资源管理活动，但未从公司战略的角度出发，造成人力资源管理不一定适应组织发展的需要，因而缺少对公司战略的支持作用。战略人力资源管理阶段，是从公司发展战略出发，明确公司对人力资源与人力资源管理的要求，该阶段是以公司战略为核心，以岗位为基础开展人力资源管理的各项活动，一定程度上具有战略支持作用。但是，战略人力资源管理缺少将公司、岗位与人相连接的机制，因而可能会出现以下理论方面的问题：人力资源规划对人力资源质量方面的标准往往不能清晰地描述，一般仅是对员工任职资格即学历、知识、技能和经验等表面素质方面的要求，而对于真正影响员工质量的个性特征、动机、价值观等潜在素质方面没有描述，从而使人力资源规划不准确、不清晰；招聘与选拔方面对应聘人员的潜在素质的了解不充分，而往往影响员工工作绩效的是这些潜在素质，所以对潜在素质了解不充分，容易造成员工录用后不能胜任岗位的情况发生；培训管理方面，根据公司战略、岗位技能或是公司文化要求来确定的培训需求，并制定相应的培训课程，但这种培训需求并没有针对员工潜在能力，因而员工真实能力没有得到培训，所以对于员工的绩效的提升效果不明显；薪酬管理方面，对于同一岗位的员工，尽管工作职责相同，但是如果员工能力有高低，但薪酬却没有差距，则容易造成能力高的员工的不公平感。因而基于岗位的人力资源管理，未将能力与薪酬有效结合，会影响对员工的激励效果；绩效管理方面，往往忽视绩效实施过程的监控与管理，对于员工绩效和能力发展没有建立关联，也就是没有将公司战略目标的实现与员工能力目标的实现相结合。另一方面随着社会转型的不断深入，习惯于增长模式下的传统人力资源管理面临种种困境：HR招聘失效、战略规划脱节、员工培训冻结、薪酬激励乏力、绩效管理异化、劳资关系风险等等。如何面对人力资源管理面临的双重困境、企业应当采取何种应对措施等诸多问题，是摆在企业人力资管理者面前的现实挑战。

二、人力资源管理生态问题的引入

为了解决人力资源管理面临的双重困境，不仅需要对企业人力资源战略的制定、员工的招募与选拔、培训与开发、绩效管理、薪酬管理、员工流动管理、员工关系管理进行重新审视，还需要实现人力资源管理系统各个子系统之间的有机统一、与企业组织内部其他系统和外部系统建立协同发展，从而建立一个"环境—公司—岗位—人"之间的连接机制。如何构建这种新型的人力资源管理，使得人力资源管理环境与组织员工不断地在平衡与不平衡之间，适应与不适应之间进行动态地转换，在社会历史的发展中形成对立统一和适应互动的关系，人力资源管理的生态问题便应运而生了。20世纪60年代以来，生态学研究的重点从以生物界为中心转向了以人类社会为中心，从而开始了生态学与社会科学日益结合的发展趋势，人力资源管理生态问题研究越来越流行。企业人力资源管理生态问题研究是应用生态学的原理,特别是生态系统、生态平衡等原理与机制,研究企业人力资源的管理与开发,进而使企业人力资源与其他资源的发展一体化,最终促进人力资源管理系统本身的良性发展以及企业持续、健康和稳定地发展,以构建和谐企业、实现和谐管理。

三、人力资源管理与生态学的共通性比较

人力资源管理生态问题的引入表明,生态学视域下的人力资源管理是用一种生态学话语体系来表述或刻画人力资源管理发展中的问题、特征,是用一种通俗的生态学概念来表述另一种概念。这并非否定企业人力资源管理的发展与开发功能,而是旨在引发人们对人力资源管理的更加深入的思考,启示人们从生态学现象及管理中汲取丰富的理论营养,借鉴生态学成功的自然机制为我所用。企业像生物体一样,也有自身的更迭、变换和生长机理,企业也应意识到这一点。我们可以通过比较来说明人力资源管理与生态系统的共通性。

(一)人力资源管理与生态学内涵共通性

生态(Eco-)一词源于古希腊字,意思是指家(house)或者我们的环境。简单地说,生态就是指一切生物的生存状态,以及它们之间和它与环境之间环环相扣的关系。生态学(Ecology)的产生最早也是从研究生物个体而开始的。1869年,德国生物学家E.海克尔(Ernst Haeckel)最早提出生态学的概念,是研究生物体与其周围环

境（包括非生物环境和生物环境）相互关系的一门科学，其中包括生物间关系、非生物间关系、生物与非生物之间的关系。主要研究生物体与环境的适应性互动，包括生物体与生成环境之间相互关系，互动关系中的适应表现。企业人力资源管理是指根据企业发展战略的要求，有计划地对人力资源进行合理配置，通过对企业中员工的招聘、培训、使用、考核、激励、调整等一系列过程，调动员工的积极性，发挥员工的潜能，为企业创造价值，确保企业战略目标的实现，是企业的一系列人力资源政策以及相应的管理活动。这些活动主要包括企业人力资源战略的制定，员工的招募与选拔，培训与开发，绩效管理，薪酬管理，员工流动管理，员工关系管理，员工安全与健康管理等。显然，从内涵上来讲，无论是生态学还是人力资源管理，都强调在特定的组织与时间内，组织系统与外部自然、社会、政治和经济等环境和与内部所有各类个体与各部分组织以及整个组织之间，由于物质循环、信息传递、能量交换、成果共享而共同形成的相互联系、相互影响、相互依存的物质—能量—信息系统关系。在组织个体与环境的交互作用和物质、信息和能量的不断输入输出中，被改变的环境反过来又影响或选择各类个体，要素间总是朝着相互适应的协同方向发展，即通常所说的正常的自然演替。随着人类活动领域的扩展，对环境的影响也越加明显的同时，人生活在组织中，也需要与人力资源管理环境适应性互动。

（二）人力资源管理与生态系统结构功能共通性

生态系统是在一定空间内生物成分（生物群落）和非生物成分（物理环境）通过物质循环、能量流动和信息传递相互作用，相互依存结合而形成的一个结构有序的生态学功能单位。这些关系是在一定时空范围内进行，即时间关系、空间关系与时空组合关系。这些关系可以概括为：从空间的整体上把握多样性与稳定性的关系；从时间上把握生物体与其环境动态发展的时变关系；从时空关系上把握物种间的相互依存、相互制约的种种互动关系。生态系统的结构主要指构成生态系统各要素及其量比关系，各组分在时间、空间上的分布，以及各组分间能量、物质、信息流的途径与传递关系，主要包括组分结构、时空结构和营养结构三个方面。组分结构是指生态系统中由不同生物类型或品种以及它们之间不同的数量组合关系所构成的系统结构。组分结构中主要讨论的是生物群落的种群构成及量比关系，生物种群是构成生态系统的基本单元，不同物种（或类群）以及它们之间不同的量比关系，构成了生态系统的基本特征。时空结构，也称形态结构，是指各种生构成分或群落在空间上和时间上的不同配置和形态变化特征，包括水平分布上的镶嵌性、垂直分布上的成层性和时间上的发展演替特征。营养结构是指生态系统中生物与生物之间，生产者、消费者和分解者之间以食物营养为纽带所形成的食物链和食物网，它是构成物质循环和能量转化的主要途径。此外，从层级结构看，生物圈是个多层次的独立体系。一般可分为11个层级，即全球、区域、景观、生态系统、群落、种群、个体、组织、细胞、基因、分子。层次系统中首先可划分为个体水平以上的宏观及其以下的微观，其次又可以划分以经济性为主的区域或以生物为主体的生态系统等。生态系统结构与功能是相互依存的，任何一种生态系统的要素与结构是其功能的内在物质基础，而功能是要素与结构的外在表现和作用结果，结构与功能是相互制约，相互影响转化的。

从系统结构上分析，首先，人力资源管理也具有时空组合关系概念。人力资源管理系统及其所处的环境是实实在在的实体，表征为一定的地区特性及空间结构性，反映呈网络式的多维空间结构。特定企业的人力资源管理系统随着时间变化具有产生、发展、死亡的变化过程，而且环境也在不断发展变化、不断更替，从而使得人力资源管理系统和自然界许多事物一样，具有发生、形成和发展的过程，具有发育、生长和衰亡的特征，也可以根据企业的发展状况划分为幼年期、成长期和成熟期的人力资源管理，表现出鲜明的历史性特点和特有的整体演化规律。其次，从人力资源管理系统组分结构上分析，企业人力资源管理外部生态系统包括国家的政治体制、经济体制、法律制度、经济发展状况、社会价值观念以及技术发展水平等因素，它们都会或多或少地对企业的人力资源管理产生影响；企业的人力资源管理内部生态系统包括人、财、物、信息等资源子系统、人力资源管理各项职能子系统、员工及部门等关系子系统、人力资源管理制约子系统（即人力资源管理与企业的发展战略、组织构架、发展阶段以及企业文化等相互制约的关系）等（张茂松，2007）。人力资源管理系统是由众多子系统构成，子系统与子系统、子系统与大系统之间相互协调、相互配合，共同确保大系统的有机存在的健康水平和适应能力，人力资源管理系统结构决定其系统的功能，其结构发生变化，制约着系统的功能转变和发展进化。再次，从人力资源管理系统营养结构上分析，根据个人能力、个人贡献、个人职业兴趣、个人发展潜力以及个人所在岗位的重要性程度，将人力资源管理中的所有员工大致分成A、B、C三类。其中A类员工为组织中的核心员工，一般为有特殊贡献者、有特殊能力者、占据重要岗位者、有良好的社会关系者、有巨大发展前途者、有丰富的专业知识和过人的技术专长者，等等，如公司经理、销售经理、财务总监、技术骨干、优秀的研发人员与市场策划人员等。这类员工一般为组织中的"稀缺资源"，人数较少，通常只占全体员工的5%—10%左右，但贡献巨大，为组织创造的财富一般均在60%以上。C类员工为组织中的一般员工，如普通工人、基层人员、一般管理者等，这类员工数量大，一般占总人数的60%—70%，但由于其知识、技能等要求低，可替代性强，容易从市场上获得，且交易成本低，因而一般占据较次要的岗位。B类员工介于A、C两类员工之间，人数占20%—35%左右，这类员工一般属于组织的中层干部和比较优秀的员工。显然人力资源管理中A、B、C三类员工分布和生态学食物链中的生产者、消费者和分解者生态分布都呈金字塔形状。最后，从人力资源管理系统层次结构看，企业人力资源系统的各个组成要素之间相互联系、相互作用，共同决定了企业人力资源管理系统的运动和发展。在人力资源管理的职能中联系最紧密的是岗位管理、绩效管理和薪酬管理，即人力资源管理的3P模式，三个职能彼此相互关联，构成人力资源管理的核心。其中，岗位管理是人力资源管理的基础，绩效管理是人力资源管理中的核心和难点，薪酬管理是人力资源管理成败的关键。

（三）人力资源管理与生态系统共同的自动调控性特征

自然生态系统是一个相当和谐、协调、有序的大系统，这个系统各组织成分在结构和功能上的配合是在进化史中逐步完善起来的自我调控机制。自然生态系统由食物网中各种相互作用的生物以及连接这个网络的各种残体、排泄物、产物副产品等构成，这个在自然界形成的"看不见的网络"，通过引力、守恒、耗散、限制因子、新陈代谢、遗传变异等自然规律产生调控作用，使得生态系统的组分关系更加密切、更为协调。许多生物还具有不同程度的再生、愈合和补偿能力，这些再生、愈合和补偿过程有利于维持个体和群体机能的稳定。生态系统这种能保持自身稳定的能力被称为生态系统的自我调控能力。生态系统自我调节能力的强弱是多方因素共同作用体现的。一般来说，成分多样、能量流动和物质循环途径复杂的生态系统自我调节能力强;反之,结构与成分单一的生态系统自我调节能力就相对更弱。这些自然调控常通过反馈调节机制使生物与生物、生物与环境间达到功能协调和动态平衡。人力资源管理系统也具有自我调控的能力,不仅要与自然环境、社会环境发生联系,其系统内部各要素之间也相互关联,包括继承与创新之间的关系、中断和恢复的关系等等。这些复杂的关系在不断地互动着,关系与关系之间也在不断地进行着能量的交换,促使人力资源管理系统在内部结构和外部环境的相互碰撞中不断发展。企业外部竞争的日趋激烈和市场、技术、政策等的不确定性,正迅速改变着企业的命运,在这种局势下,企业要获得竞争优势必须开拓新的视野,要能根据外部的变化迅速地调整人力资源管理战略,并通过汲取外界有用的资源,利用各种各样的社会环境条件,才能实现快速成长和发展。因此,人力资源管理系统与环境之间的相互作用是经常的,生态环境对系统的干扰是随机的,其自身也有要保持其功能的稳定性,了解其所处环境,预测其变化并具备对环境的适应能力和自我调控能力。

(四)人力资源管理与生态系统共同的开放性特征

自然生态系统总是与外界进行物质、能量与信息的交流,即使是相对独立的生态系统也是这样,它的四面八方亦都是与外界相通的,不断有能量和物质的进入和输出,从而维持系统的有序状态。开放性是对所有生态系统的基本要求,封闭的系统将导致"熵增"和无序,开放性不仅是生态特征的要求,也是系统适应外界环境变化的必然要求。生态系统的开放性也表现在熵(entropy)的交换。生态系统不断地摄入能量,并将代谢过程中所产生的熵排向环境。生态系统的开放性具有重要意义，具体体现为：①有开放，才有输入。对一个系统而言，有输入才有输出，输入的变化总会引起输出的变化。输出是输入的结果，而输入是原因。②开放促进了要素间的交流。开放使生态系统各要素间有了不断的交换，促使系统内各要素间关系始终处于动态之中。例如，系统内生物个体生理活动和适应性对策的变动，种群之间交流的变化，种与种之间关系的改变等都能在开放环境中得到改善。③开放使系统得到发展。例如，外界气候常常决定生物群落的分布和外貌，也影响到群落的结构和生产力。无论从长期还是短暂的角度看，气候都是生态系统发生演替的诱发原因。可以说，生态系统的开放性决定了系统的动态和变化，开放给生态系统提供了可持续发展的可能性。企业人力资源管理系统的开放性指的是企业人力资源管理系统与周围环境不断地进行物质、能量、信息交换的性质和功能，它是企业人力资源管理系统发展的外因与前提，也是企业得以稳定存在和向上发展的前提。企业人力资源管理系统的开放性还要求企业必须超越传统价值链（张茂松，2007），要与由企业的目标客户群、股东、下属企业、控股（参股）企业、合作伙伴、技术支持部门、学术（行业）交流协会、供应商、分销商、外包服务公司、融资机构、关键技术提供商、互补和替代产品制造商，甚至包括竞争对手、客户和监管机构与媒体等企业利益相关者之间形成一个动态系统。与自然生态系统中的物种一样，企业都要与整个系统共命运，从而形成生态链上的良性循环，使公司得以持续健康发展。这些企业人力资源管理价值链系统呈"网状"分布在企业的周围，从不同角度、不同渠道，以不同方式影响着企业人力资源管理的成效。开放性原理提示人们在研究人力资源管理系统时，应持开放动态的思维。要把研究的对象和人力资源管理系统一起放到周围环境之中，运用开放性原理就能更全面、深刻地揭示人力资源管理的本质。

（五）人力资源管理与生态系统共同的环境多样性特征

环境是一个由多种要素组成的综合体，其中对生物的生长、发育、繁殖、行为和分布有影响的环境要素叫作生态因子，例如太阳辐射、气温、水温、土温。生态因子中生物生存所不可缺少的那些因子称作生存条件。例如对绿色植物来说，光、热、水、矿质营养元素、氧气和二氧化碳等就是保证其正常生存而不可缺少的生存条件。生态因子对于生物的生存并非总是适宜的，因为地球上各种生态因子的变动幅度非常大，而每种生物所能耐受的范围却有一定的限度，如果当一个或几个生态因子的质或量，低于或高于生物的生存所能忍受的临界限度时，生物的生长发育和繁殖就会受到限制，甚至引起死亡，这种接近或超过耐性上下限的生态因子称作限制因子。例如干旱和半干旱地区，水分条件往往是植物生存的限制因子。限制因子和限制强度随时间地点而变化，也因生物种类和其发育阶段不同而异。人力资源管理的环境主要是指对人力资源管理活动产生影响的各种因素，同样也具有多样性。对人力资源管理环境多样性分析和评价主要考虑两个方面的要素：一是环境的复杂性；二是环境的稳定性。人力资源管理的外部环境是指在企业系统之外能够对人力资源管理环境产生影响的各种因素：一般来说，可以从政治环境、经济因素、文化因素、竞争者等方面来分析人力资源管理的外部环境。因为这些影响因素都处于企业的范围以外，所以企业并不能直接地控制和影响它们，大多数情况下只能根据外部环境的状况以及变化来采取相应的措施。人力资源管理的内部环境就是指在企业系统之内能够对人力资源管理活动产生影响的各种因素。由于人力资源是任何企业维持正常活动必不可少的要素之一，人力资源管理也贯穿于企业生产经营的方方面面，因此从这个意义上来讲，构成企业的所有因素都是人力资源管理的内部环境。在人力资源管理环境中，也有接近或超过耐性上下限的环境因子，可以决定整个人力资源管理的成败，称之为限制因子。譬如，人力资源管理的内部环境企业发展战略、企业的组织结构、企业生命周期、企业文化、企业技术、企业制度等等，可能其中一个环境因子能够直接影响并决定人力资源管理的成效。

（六）人力资源管理与生态系统动态性特征

生态系统中的生物有出生和死亡、迁入和迁出；无机环境也在不断变化，因此，生态系统总是在发展变化的。生态系统发展到一定阶段，其物质和能量的输入与输出接近相等，在外来干扰下，能通过自我调节（或人为控制）恢复到原初的稳定状态，与周围环境的相互影响逐渐趋于相对稳定少变。生态系统所具有的这种保持或恢复自身结构和功能相对稳定的能力，叫作生态系统的稳定性。例如，当气候干旱时，森林中的动植物种类和数量一般不会有太大的变化，这说明森林生态系统具有抵抗气候变化、保持自身相对稳定的能力。生态系统的稳定性包括抵抗力稳定性和恢复力稳定性等方面。因而，面对外部环境的变化，生态系统的抗逆性、抗干扰力、缓冲力与环境不断地"适应""协调""统一"，强调了生态系统的良性循环发展。企业人力资源管理系统的动态性是指人力资源管理系统在内力和外力的共同作用下，沿着正常的轨道向前发展的过程（张茂松，2007）。包括当企业的内外环境发生变化时，企业的人力资源战略要及时做出调整；当企业的人力资源战略和企业的其他战略发生冲突时，或人力资源战略内部发生冲突时，要本着实现企业总体目标的原则及时化解冲突；人力资源战略本身也要具有适当的弹性，具有权变功能；注重人与岗位之间的动态匹配，人与岗位在匹配过程中既要遵守能级对应的人力资源管理分类原理，让高能级的人从事复杂的岗位，低能级的人从事简单的岗位。同时还必须看到人与岗位都在不断地发展变化着，要引入人才测评技术，在全方位地了解员工的基础上，动态地进行人与岗位的匹配。

（七）人力资源管理与生态系统研究方法的共通性

无论是人力资源管理系统还是生态系统，二者研究方法存在许多共同性。研究对象方面，二者都是侧重于对事体的研究，都包括有血有肉的鲜活生命体；研究内容着重探讨生物与环境的互动，系统内各要素的相互联系、相互制约和相互作用的关系。研究目标是多维而不是一维的；研究环境是多变而不是固定的；研究参数是粗糙、不完全、未确定的，而不是可辨识、可预测、可统计处理的。因此，人力资源管理与生态系统研究方法可以利用生态学方法，从机械思维走向生态思维，着眼于生物与环境间的事理关系，在机制不清、信息不准、偏好不一的情形下，通过定性与定量相结合的各种软方法，去辨识问题和反馈关系，建立生态模型，辩证探方，求出有效解，然后实施多种途径，逐步逼近目标，从而改善系统功能。

第二章　中小企业人力资源生态系统运行机理研究

中小企业雇主品牌实质是组织在人力资源市场上地位的体现,它代表着中小企业对内部现有雇员和外部潜在雇员的"承诺",更是内外部雇员对组织所有利益相关者传递的一种情感关系。[①]因此,从这个意义上讲,雇主品牌的形成和塑造必然以中小企业人力资源生态系统的研究和发展作为基础,以此不断推动雇主品牌价值的实现。[②]在中小企业人力资源生态系统中,主体是指中小企业人力资源管理的承担者、发动者和实施者。但不可否认的是,由于社会信息化水平和知识技能水平的不同,不同中小企业人力资源生态系统中管理主体所具有的教育信息的优先权、话语权、解释权不同,所承担的角色、职责和地位也是不同的,重要程度更是不同。面对中小企业人力资源工作形不成合力,管理主体缺乏有效运行等现实问题,必须提高中小企业

---

① 田书芹、王东强:《品牌生态基于人力资源管理生态系统的雇主品牌塑造告》,《企业经济》,2010年第7期。

② 田书芹、王东强:《品牌生态基于人力资源管理生态系统的雇主品牌塑造告》,《企业经济》,2010年第7期。

人力资源管理主体的协同能力,尤其是统筹兼顾和有效运行的能力。鉴于此,本书针对中小企业人力资源管理主体这个研究对象,分析中小企业人力资源生态系统在空间上展开的各组成部分相互联系、作用方式和时间上存在和发展的形态与关系,试图在跨学科视域中创新性地进行中小企业人力资源生态系统运行机理的探讨。

一、生态论的引入

为了实现上述研究目标,这里我们有必要引入生态学分析方法。人力资源系统不仅是中小企业生态系统中一个动态有机体,而且必然会受到组织内外生态环境及其他因素的影响。通过深入对比研究,我们发现中小企业人力资源系统与生态系统在基本内涵、结构功能、开放性、多样性、动态性、自动调控和研究方法等方面有诸多共通性[①],从实质上讲,中小企业人力资源生态系统是在一定的时空中由人力资源管理主体与其发展环境构成的有生机和活力的复杂系统。因此我们完全有可能根据生态学研究方法,在合理的制度安排和一定时空条件下,通过借用生态学语言体系、运用生态学原理以及生态学方法进行"类比"研究,从而更加全面地揭示中小企业人力资源管理主体相互依存、相互作用、相互支撑、相互促进的运行机理,并且可以得到人类最容易理解与使用的人力资源管理理论与方法。

---

① 田书芹、王东强:《生态人力资源管理研究》,电子科技大学出版社,2011年版。

二、人力资源管理主体生态链运行机理[①]

人力资源管理主体生态链是指在中小企业人力资源生态系统中，模仿自然生态系统中的生产者、消费者和分解者，以主体价值（职责、信息、知识、技能、经验等）为纽带形成的具有工作运行关系的环节链条。

（一）主体生态链的构成

中小企业人力资源管理主体生态链之间存在着十分复杂的关系，这些关系既有上下层级主体种群间的信息、知识、能力、经验、教训的传递，也有政党、合作伙伴、社区、社会中介组织等提供的支持和服务。按照生态学的分析方法，可将中小企业人力资源生态系统各种要素分成两大类：第一类是中小企业人力资源管理主体生态链。根据隐喻研究，这是指人力资源管理主体生态系统中的各主体种群，按照决策者、协调者、执行者（对应生态系统中的生产者、消费者和分解者）的角色关系分别处于主体生态链条的不同节点上，并按照食物链的运作规律进行着主体价值（职责、信息、知识、技能、经验等）的传递；第二类是与主体生态链相配套的支持服务链，包括政党、合作伙伴、社区、社会中介组织等，这些因素将从政策、环境和服务的角度来影响中小企业人力资源生态系统管理主体生态链的构建和运行。主体生态链是中小企业人力资源生态系统的主体因素，直接关系着主

[①] 黄梅：《人才生态链的形成机理及对人才结构优化的作用研究》，《科技管理研究》，2008年第11期。本部分参照了黄梅老师的逻辑结构和论证体系，在此深表谢意。

体自身的生存与发展，主体之间相互激活、相互依存、优势互补、共同进化和发展，支持和保障着中小企业人力资源工作的正常运行。

（二）主体生态链的演化

实践已经证明，中小企业人力资源生态系统生态链发展演化总是以高层级的主体为种核，通常显示出强烈的主体种核效应。在中小企业人力资源管理领域，强有力的高层管理者，往往会对低层级的中小企业人力资源管理主体和家庭、社区、合作伙伴、社会中介组织等主体产生强大的号召力、向心力和凝聚力，成为主体发展的生长基点和凝聚核心，带动其上下左右不同层级、不同类型主体向其靠拢，大大提高中小企业人力资源管理主体的吸纳能力，并通过衍生、扩张与拓展，成为更大范围、更大规模、更大影响的主体布局，形成"主体生态链"和"主体生态圈"。如董事长、总经理，一般都是理念先进、品德优良、知识渊博、富有创新精神的先进代表，他们不仅是企业的行政领导，更是员工的领军人和示范榜样，其人格魅力一方面可以使员工对其崇敬和信服，另一方面其人力资源管理行为可以产生一种吸引力、感染力和凝聚力，团结和带动更好的人力资源管理主体推动组织的协同发展。随着主体生态链的形成，在高层级主体映射下，对处在主体生态链边缘外界处于"观望"心态的主体形成较强的吸引力和辐射力，使不同优秀主体不断集聚，主体规模越来越大，主体生态链越来越复杂，主体生态链的核心竞争力和可持续发展能力就越来越强。

（三）主体生态链的协同

国内外中小企业人力资源管理实践已反复证明，主体生态链条的协同既是主体生态链存在的合理解释，也是主体生态链不断完善和发展的重要推动力，更是整个主体生态系统生存与发展的基础，因此在中小企业人力资源生态系统生存与发展的过程中，必须考虑主体链各层级的协同发展和平衡发展。质性研究表明，在主体生态链上，决策者主体、协调者主体和执行者主体之间更多地表现为协作、共生关系，体现为主体之间角色和职责的互补、信息的共有和交流、教育经验的传授、知识和技能的相互学习以及传递等等，从而促进了主体之间的共同发展，而主体的共生也保持了主体系统的生态平衡。当然这种协同不是众多主体的简单集中，而是以专业化分工与社会化协作为基础，各种类型、各个层级主体共生互补的生态化过程。随着主体生态链的协同发展，将产生强大的集聚力，从而不断增强中小企业人力资源管理的实效性。

（四）主体生态链的竞争

正如自然生态系统中各种生物种群之间存在相互关联、相互影响、相互竞争又相互依存的关系一样，主体生态链上各节点主体种群也存在相互竞争的关系。在中小企业人力资源过程中，一旦存在着对相同稀缺资源的需求，这些主体种群也不可避免地发生竞争现象。譬如，物资资源的有限可能导致层级、部门之间在资金、人力资源方面的竞争，处于同一生态位的员工，处于不同层级的人力资源管理者，由于所处的层级和环境不同，一些特殊时刻，他们都想充分发挥自己的能力和水平，解决中小企业人力资源热点难点问题，但由于资源的有限，产生竞争。当然，这种中小企业人力资源生态系统之间的竞争产生必要的张力，可有效防止主体的惰性，使不同中小企业人力资源管理个体和群体始终保持足够的进取动力以及高度的警觉和灵敏性，并依靠协同关系在"优胜劣汰"的竞争自强化机制中不断发展壮大，推动主体组合能力的动态化发展，使各主体生态结构更加稳固，以应对来自外界的各种风险。

三、主体系统稳态机理

生态系统稳态机理是指生物能够保持和控制自身环境的状态稳定在一个很小的范围之内的机制。这是生态系统演化发展过程中形成的一种自组织机制，可以极大地提高生物对生态因子的耐受范围。隐喻研究表明，借助生态系统稳态机理的分析视角，研究中小企业人力资源生态系统存在和发展的规律、特点，对开拓管理工作新的视角，提高中小企业人力资源管理有效性都具有重要的意义。中小企业人力资源生态系统作为在一定的环境中沿着一定轨道向着人力资源目标运动的演进系统，从纵向上看，它是开放的、非线性、动态有序的巨大而复杂的自组织系统。随着外部环境的不断变化，中小企业人力资源生态系统相互作用、互动调适，产生序参量运动模式，从而推动整个中小企业人力资源生态系统的演化。调控反馈是生态系统稳态运行演进的重要机制，其目的是更好地适应生态环境。中小企业人力资源生态系统运行实践中也存在各个主体之间的调控和反馈，以此实现中小企业人力资源管理主体系统自我适应和自我发展。

（一）管理主体之间双向互动调适

这类互动调适主要针对的是不同层级纵向主体间的人力资源管理

信息。高层级管理部门"输出"人力资源管理指导思想、价值观念和政策制度，要求低层级人力资源管理部门及时"输入"上述信息，理解和认同人力资源管理决策并不折不扣地执行。同时低层级人力资源管理部门也向高层级人力资源管理部门一方面"输出"有关基层的、一线的人力资源管理意见和建议并要求予以回应；另一方面及时把中小企业人力资源政策执行效果信息反馈到高层级人力资源管理部门以便改进政策，进而调控组织人力资源运行过程，保障人力资源管理实效性。

（二）管理主体和其他外部主体的多向互动调适

除了本书提出的横向主体，中小企业人力资源生态系统中还存其他外部主体，如家庭、社区、合作伙伴、社会中介组织，不仅要接收具有权威性的高层级人力资源管理部门的人力资源信息"输入"，而且还可能对此产生正向的或者负向的反馈。如果管理主体"输出"的人力资源信息符合上述横向主体的需要，其他管理主体则遵从纵向主体的人力资源指导意见，并创新性地实施人力资源管理工作，那么这类互动调适即为良性循环。当然，管理主体和其他外部主体信息是互逆的，也可能产生对立情绪，形成恶性循环。

显然，不管是管理主体之间双向互动调适，还是管理主体和外部主体的多向互动调适，中小企业人力资源生态系统中生态环流是提高中小企业人力资源实效性的重要途径，这种良性关系因正反馈和负反馈而得以强化和稳固，或者强化人力资源管理内容，或者调控那些造成负向效应的不当人力资源管理方式，进而保障中小企业人力资源管理的良性发展。

四、主体界面生态机理

1987年1月,在巴黎召开的一次国际会议上对群落交错区的定义是:"相邻生态系统之间的过渡带,其特征是由相邻生态系统之间相互作用的空间、时间及强度所决定的。"① 显然,群落交错区是一个交叉地带或种群竞争的紧张地带。不同群落的交界区域,或两个环境相接触部分,即结合部位,称为群落交错区的"边缘效应"。1942年德国地理植物学家比查(Beechar)首先发现了边缘效应,他指出:不同地貌单元生物群落的界面地带或交互作用处,结构比较复杂,不同物种共生于此,种群密度非常大,一些物种特别活跃,生产力水平相对较高。② 鉴于群落交错区和边缘效应的特殊意义,近年来研究生物与生物、生物与环境交界面上的物质和能量交换、信息传递及与介质间相互作用关系的界面生态学日益活跃,在生态学跨学科分析框架下探讨中小企业人力资源生态系统运行机理,不仅有助于拓展界面生态学理论的应用范围,而且可以进一步明确和深化人力资源管理主体之间相互联系、相互影响、相互依存内在规律的认识,进而为发展基于学科交叉理论的主体运行对策和方法提供理论支持和现实参考。针对中小企业人力资源管理主体运行问题,其界面生态机理体现在以下方面。

(一)界面的等级性

根据中小企业人力资源管理机构主体所从事的工作性质、重要程

---

① 《生态交错区》,百度百科,http://baike.baidu.com/view/1975682.htm。
② 转引自宋豫秦:《生态过渡带之人地关系刍议》,周昆叔主编:《环境考古学研究》(第二辑),科学出版社,2000年版。

度的不同，可以将其在纵向上的联系划分为高层决策机构、中层管理部门和基层操作单元等不同等级的结构，因此主体纵向上的联系常常导致等级的出现。中小企业人力资源生态系统之间及其各组织部门之间、各有关成员之间或各种工作流程之间纵向关系中所出现的等级问题，往往会导致延迟人力资源管理决策，或者因不接触基层人力资源管理工作，高层人力资源管理主体经常在制定政策制度过程中出现失误，进而导致人力资源管理效率低下；同时，界面等级性不仅使管理主体的跨职能技能的发展受到限制，而且限制了个人的责任，因此常常引起界面接口不畅的问题。

（二）界面的边缘性

中小企业人力资源管理主体界面可以界定为为某一人力资源管理任务或解决某类人力资源问题，主体之间及各组织部门之间、各有关成员之间或各种工作流程之间在信息、物资、资金等要素交流、联系方面的交互作用状况。中小企业人力资源管理主体界面边缘性一方面表现在中小企业人力资源管理主体生态系统内部组织部门和工作流程越来越复杂，不同主体之间能量、物质与信息的流通越来越频繁，边界对主体系统的波动性影响越来越大，结果中小企业人力资源管理主体界面领域的热点难点问题不断涌现。另一方面，中小企业人力资源管理主体界面边缘性还体现为常常出现中小企业人力资源的"空白地带"。某些问题往往成为中小企业人力资源管理容易忽视的"空白区"，可能不属于任何中小企业人力资源管理主体的职责范围，但常常出现在管理主体相互连结的界面领域，如果处理不好，可能会影响其他个体和群体人力资源工作实效性。

本书针对中小企业人力资源系统运行机理问题，以生态学观点探讨了管理主体之间介体循环传递机理、主体生态链运行机理、主体系统稳态机理、主体界面生态机理，揭示了中小企业人力资源生态系统在空间上展开的各组成部分相互联系、作用方式和时间上存在和发展的形态与关系。中小企业人力资源的生态学隐喻研究表明，用一种生态学话语体系来表述或刻画中小企业人力资源生态系统运行机理，不仅能更加有效地描述与探索中小企业人力资源生态系统运行的复杂性现象及其内在关系，而且使中小企业人力资源生态系统运行问题呈现出新的面貌，从而引发出新的思路。

第二部分

问题研究

WENTI YANJIU

第三章 中小企业人力资源管理生态困境分析

本专著随机选取山东、江苏、重庆、四川等地100家中小企业,在2012年7月至2014年7月间对上述企业人力资源管理情况进行了问卷调查和实地访谈,内容涉及人力资源的规划、招聘、培训、绩效管理、薪酬管理和劳动关系等方面。调查中针对中小企业的人力资源管理部门和业务部门每家发放问卷15份,共计发放问卷1500份,收回1432份,有效问卷1386份,有效率为92.4%。根据问卷调研数据及实地访谈结果,全面揭示了中小企业人力资源管理存在的主要问题并借用生态学语言、运用生态学原理以及生态学方法,进行中小企业人力资源管理困境的生态归因分析,为中小企业人力资源管理研究提供了新的视野、新的逻辑和新的方法。

一、中小企业人力资源管理存在的问题分析

（一）"虚化式"人力资源规划

一是中小企业缺乏人力资源规划。在调研中，我们发现占63.49%的受访者认为目前中小企业大都制定了战略规划，但是根本没有根据企业的发展规划，通过企业未来的人力资源的需求和供给状况的分析及估计，对职务编制、人员配置、教育培训、人力资源管理政策、招聘和甄选等内容进行的人力资源部门的职能性计划。这就很容易导致中小企业职位空缺无法及时得到填补，缺乏人才梯队，人才储备不足。二是中小企业人力资源规划可操作性较弱。实地访谈中，我们发现，即使部分中小企业有人力资源规划，但可操作性问题有待商榷：一方面表现在缺乏详细的岗位分析，不了解中小企业外部人力资源供给与需求状况，缺乏对公司业务和人力资源结构的深入了解，缺少基本的人力资源规划的技术与方法的指导，最终导致整个人力资源规划不具有可操作性。另一方面表现在中小企业喜欢照搬大型企业那些大同小异的人力资源规划模式，缺乏对中小企业自身实际情况的考虑。结果，照搬别人的战略规划模式导致自己的体系混乱，致使中小企业人力资源规划缺乏适用的环境，脱离实际，甚至无法操作，很难形成人力资源竞争优势。三是中小企业人力资源规划执行不力。在调研中，我们发现被调查的中小企业人力资源规划执行力普遍偏低，仅有42.36%的受访者认为能够将已经有的规划较好地执行或者一般性执行，占57.64%的受访者认为无法执行或者执行不到位。一方面，部分中小企业战略规划不断根据市场环境调整，而人力资源规划未能及时调整，导致人力资源规划不能适应中小企业发展战略的要求而无法

执行。另一方面人力资源规划执行过程中高层管理者、中层管理者和基层管理者不能很好地衔接，尤其是中小企业业务部门和人力资源部门相互独立，各自为政，业务管理与人力资源管理的分离，导致人力资源规划执行效果不佳。

（二）"快餐式"人力资源招聘

在社会转型期和"用工荒"背景下，中小企业为了实现组织发展，往往需要大量的劳动力，在人力资源招聘过程中更倾向于成本低、时间短、速度快的"快餐式"招聘，使得人力资源招聘饥不择食，带来诸多问题。一是招聘准备阶段。一方面中小企业缺乏人力资源供求平衡分析。对于中小企业招聘时机的选择，问卷调查表明，中小企业受访者46.89%的回答是"根据订单数量，发现企业人手短缺"时招聘。可见，很多企业招聘是没有经过充分准备的。这说明很多中小企业对人力资源的需求带有盲目性，常常以当时订单量为标准，订单量多时就大量招收正式员工和临时工人；订单量少时就拒绝招收员工，甚至辞退部分临时工人。这种"快餐式"人力资源招聘方式使得人力资源流失率不断加剧。另一方面占37.95%的受访者认为中小企业在人力资源招聘过程中对招聘的原则、程序、内容和应注意的问题缺乏明确的制度性规范和要求，导致招聘效果不佳。二是招聘实施阶段。在招聘的地点选择方面，中小企业往往在公司内设立招聘地点（占受访者的10.82%），一般都是在企业前台进行招聘面试等工作，这样把应聘者安排在人员往来密集的地方，不仅效果不好也影响了企业形象。在招募渠道的选择方面，问卷调研结果表明，熟人介绍占受访者的33.29%，自主选拔占受访者的23.26%，这说明中小企业希望通过熟人介绍进行招募以减少招聘成本，传播范围狭窄和地理区域小，容易形成"近亲繁殖"问题；往往采取企业自主招聘的方法，在招聘管理上存在一定的随意性。三是招聘录用阶段。部分中小企业往往简化招聘程序，缺乏全面的考核，甚至有企业对应聘员工往往只需提供照片和身份证，然后填写入厂登记表即可以完成入职；关于中小企业人力资源招聘情况，问卷调查表明，有35.67%的受访者认为企业缺乏专业招聘人士。显然，由于缺乏专业招聘人士，往往以应聘者提供的身份证信息为准，核对入厂登记表后即记入档案，制发工牌，完成整个录用程序。显然，这不仅造成了中小企业缺乏对员工情况的全面了解，而且很多时候，求职者为了增强自身的竞争力不免会提供虚假简历提高自身价值以争取到面试机会，这不免增加了企业的机会成本；而在面试环节，不少情况下面试官过分注重应聘者的口头表达能力，如一般面试阶段必备的自我介绍和问答考察阶段，再加上面试官的个人情感偏好很难测试出应聘者的真实能力水平。四是招聘评估阶段。中小企业的人才招聘是一个过程性工作，一个吸引、适职和录用的过程。由于中小企业实力、专业招聘人员的限制，它们更容易忽视对招聘工作的效果评估。占57.72%的受访者认为中小企业在确定录用人员后，基本上已经达到招聘的目的了，没有必要在评估环节再过多地耗费时间、资金、人力和物力，正是因为这种观念使许多企业很容易忽视招聘的评估体系建设，导致人力资源招聘失效。

（三）"业余式"人力资源培训

在社会转型背景下，中小企业为了在"阵痛期"维持利润增长，大力强化开源节流，而开源节流的一个重要方面就是降低人力成本，其中包括直接削减员工培训和开发费用，有的企业甚至完全减免培训预算。因此，中小企业减少或完全取消员工培训，不但会影响员工发展，不利于企业长远的人才发展计划，而且还可能会降低员工的敬业度，影响员工的工作积极性，从而对工作效率产生直接的负面影响。即使很多中小企业有人力资源培训，但现实中中小企业培训实践并没有达到上述要求，无法帮助员工充分地发挥自己的潜能和价值。一是中小企业员工培训需求缺乏调查和分析。培训需求分析是指在制定培训计划之前，由培训管理部门采用各种方法与技术，对某地区某一时期培训的目标及人员目前具备的知识、技能等方面的信息进行系统的评价与分析，确认培训管理中需要解决的问题，进一步确定培训内容的人力资源管理活动。在中小企业实际的培训工作中，问卷调查表明，占受访者的 57.08% 认为没有做好这一关键环节，培训供需脱节现象严重。常常可以看到，一个老师讲，几十个甚至上百个学生听，就成为我们千篇一律的培训方式，这很明显地遗漏了对受训者个人素质和接受能力的分析；基础不同的人，通过同样方式的培训，所能达到的程度当然是不同的。二是人力资源培训规划和实施缺乏全面性。对于员工培训内容，问卷调查表明 49.68% 的被访者选择"专业技能培训"，这说明对员工的培训内容仅停留在简单的技能培训上，多以应急式的业务培训为主。培训方式也比较单一，问卷调查表明，占受访者的 41.28% 认为目前培训主要采用传统课堂教授法。培训时间大多选择在周末或晚上（占受访者的 20.33%），培训地点大多选择在企业内部（占受访者的 66.76%），培训时效性差，实效性不强。三是培训效果反馈机制不够健全。问卷调研表明，31.59% 的受访者认为中小企业培训部门对培训结果不能进行有效的分析和评价，缺乏培训效果的应用和反馈，无法保证培训效果和质量，使得员工接受培训后往往感到在工作中不能充分利用所学的知识，进而认为培训意义不大。

（四）"独立式"人力资源绩效考核

一个完整性的中小企业绩效管理活动过程，包括界定组织战略目标、设定员工工作绩效标准、强化绩效沟通与辅导、持续监督绩效的进展、执行绩效考核、绩效反馈与面谈、绩效改进与提高等环节。问卷调研表明，在中小企业绩效管理困境方面，缺乏工作岗位分析、没有绩效沟通、指标片面化、缺乏绩效反馈、大多是事后考核所占比例分别占受访者的13.26%、22.45%、9.89%、16.96%、15.53%。这说明很多中小企业实行的绩效管理实际上往往变成了绩效考核，绩效管理环节不完整且各种独立，因缺乏对具体工作岗位和职责的分析和良好的绩效沟通，绩效指标不能体现中小企业战略发展的需求，不能有效地度量组织人力资源的实际工作绩效，无法对人力资源工作的实质内容进行评价考核。一些中小企业因缺乏绩效诊断和沟通对管理人员绩效指标的设置过于单一化、片面化，只关注细节，而忽视重点，缺乏可量化的客观标准和指标体系，绩效考核往往通过间接地、上下级"评分"的方式完成，容易受到主观因素的干扰和影响。因缺乏绩效反馈和应用，无法对考核实施有效性的考核评估，使得考核活动不能够提高考核的质量。目前中小企业绩效管理大多处于对工作效果的事后考核层面，关注结果，没有将考核贯穿于整个绩效管理的全过程，简单地以结果指标为绩效考核的唯一内容不利于及时发现工作中的问题。

（五）"传统式"人力资源薪酬管理

一是薪酬方式忽视了内在薪酬。从问卷调查结果和实地访谈来看，中小企业人力资源薪酬管理基本上沿用传统的工资、奖金和福利三位一体的薪酬方式。问卷调查结果显示，62.36%的受访者认为现在的薪酬管理主要以工资和奖金激励为主，这表明中小企业人力资源管理者更多地注重员工工资、奖金、津贴等经济性外在报酬，而忽视了员工的情感需要、决策参与、个人动机、人际交往等非经济性内在薪酬因素，不利于对员工进行长期的内在激励。二是薪酬结构不尽合理。访谈中我们发现，高层、中层和基础管理人员、普通员工、技术工人、管理人员和辅助性员工等各类人员的薪酬单元组合比例失调，薪酬结构不能满足员工多方面的需求，例如很多中小企业将福利设计为保健因素，就会无法达到很好的激励效果。三是薪酬制度缺乏个体方面的考虑。91.21%的受访者认为目前中小企业薪酬管理模式是针对"所有人"的。不同年龄阶段的人力资源，其对薪酬的内在需要是不同的，但是中小企业薪酬管理中常常忽视了这样问题。以老年人力资源薪酬方式为例，反观传统薪酬方式，无论是有限计件和无限计件、累进计件和超额计件、提成计件和包工计件，还是个人计件和集体计件的计件薪酬形式，都不太适合对追求生产合格产品的数量或完成更多的作业量失去兴趣的老年人力资源，甚至此种方式可能造成老年人力资源工作紧张、压力过大，有碍健康。对于新式的浮动定额和定额薪酬形式，都是以提高企业管理水平和员工渴望获得更多的薪酬为前提和基础的，这无法反映老年人力资源的薪酬价值诉求。

（六）"脆弱式"人力资源劳动关系

进入新世纪，社会主义市场经济体制改革不断深入，政治行政体制不断调整，社会结构深刻变动，利益诉求和价值取向逐渐多元化，在我国社会转型发展背景下，"我国的劳动关系也从计划经济体制下的政治化和行政化模式，转变为市场经济体制下的利益化和市场化模式"①。在中小企业人力资源管理过程中,新生代员工逐渐成为这类企业人力资源的主力军。由于这一群体存在受教育程度更高,物质和文化需求期望值更高、价值取向更加多元化,对职业生涯发展更加注重,同时心理抗压能力和工作耐受力较低等特点,结果中小企业新生代员工劳动关系呈现出以下"脆弱化"问题②:人员流动性大,劳动合同签约率低(占受访者的71.18%);工资待遇较低且拖欠现象时有发生(占受访者的5.16%);参加社保的比例小,社会保障水平有限(占受访者的66.14%);劳动安全卫生保障不达标,劳动条件较差(占受访者的27.33%);新生代员工组织化程度低下,劳动权益很难得到有效保障(占受访者的36.52%)。鉴于此,随着社会转型的不断深化,许多中小企业往往采取调薪、调级、调岗及解除劳动合同等简单化方式来调整用工管理和减轻企业运营负担,劳动争议的发生量大大增加。

二、中小企业人力资源管理困境的生态归因分析

(一)人力资源规划缺乏适应性调整

中小企业人力资源规划是指企业为实施发展战略,适应内外环境的发展,运用科学的方法对企业人力资源需求和供给进行预测,制订相宜的计划和方案,从而使企业人力资源需求和供给达到平衡的过

---

① 龚基云:《转型期中国劳动关系的社会影响》,《辽宁经济》,2008年第7期。
② 中小企业新生代员工劳动关系呈现出以下"脆弱化"问题的数据来源于课题主研人员参与的另一项国家社科基金项目"西部新生代农村劳动力开发实证研究"的部分资料。

程。中小企业"虚化式"人力资源规划现象原因在于,一是中小企业人力资源规划意识薄弱。很多中小企业管理者缺乏足够的人力资源准备意识,人力资源规划没有能够与企业的战略规划相一致,也未能很好地根据组织的战略规划调整而修正人力资源规划。二是中小企业人力资源规划生态调适能力不够。每个中小企业都有自己特殊的实际发展情况和人力资源特点,因此只有建立在自身特点基础上的中小企业人力资源规划才是最切实可行的。中小企业外界的社会经济发展环境是不断变化的,人力资源规划者只有全面分析人力资源生态系统环境因素的优势、劣势、机会和挑战,才能实现人力资源的适应性供需均衡,提高人力资源规划的动态适应能力,进而修正调整、设计以市场为导向的人力资源战略规划设计。中小企业内部的人力资源管理环境和业务环境也是不断变化的,人力资源规划者必须适应人力资源的新特点,强化人力资源管理部门和业务部门的协同,才能提高人力资源规划执行效率。否则,"虚化式"人力资源规划现象还会周而复始地发生。

(二)人力资源招聘缺乏系统性思考

人力资源招聘是中小企业为了弥补岗位的空缺、实现战略发展、根据人力资源规划和工作分析的要求、找寻有能力又有兴趣到本企业任职的人员,并从中选出适宜人员予以录用的过程。在社会转型期,中小企业人力资源招聘面临人力资源招聘规划战略性缺失、招聘方式滞后、招聘工作流程不规范、招聘工作效率不高等问题,"快餐式"的人力资源招聘影响了中小企业的生存和可持续发展。究其原因,关键在于没有把人力资源招聘作为生态系统进行整体性考量。人力资源招聘系统属于中小企业人力资源管理生态系统的子系统,这个过程是一个非常复杂的系统性过程，在内部系统中主要包括准备、招募、选择、录用、评估等一系列生态环节，在外部系统中要充分考虑政治、经济、社会、文化等方面环境的变化并与之相适应。以人力资源招聘方式为例，如果仅仅拘泥于传统以报纸、杂志、电视、广播等媒介招聘形式，大多存在着简历筛选工作量大、招聘面试盲目性突出、招聘成本费用较高、人岗匹配度不高等现实困境，必然影响人力资源招聘的效果。因此，需要关注微信、微博等新媒体技术的发展变化并与时俱进地与人力资源招聘方式相结合以提高人力资源招聘的实效性。

（三）人力资源培训受到多重生态干扰

中小企业人力资源培训作为人力资源管理生态系统中的重要组成部分，其实效性必然时刻都受到各种自然干扰与人为干扰、内部干扰与外部干扰的影响。一是企业培训理念滞后。部分中小企业往往认为组织需要的专业技能人才能够通过从社会招聘等外部渠道来获取，因而对企业现有人力资源的培训与开发重视不够，缺乏长远眼光看待企业发展对人才的需求。企业对人才培训投入不足，导致企业对人力资源培养缺乏持续性，导致不少人才的流失，从而形成人力资源培训的恶性循环。二是人力资源培训供需脱节。中小企业人力资源的状况，包括数量、年龄结构、知识结构、学历层次、职务、级别、以往培训经历是具有很大差异性的，不同层次、职位的员工在自身的工作实际中的需要也是不同的。针对学习型组织不断推进的时代要求，培训供需脱节是影响人力资源培训实效性的关键问题。三是人力资源的多元化需求。个人作为组织生态系统的基本细胞，老一代员工和新生代员工个体特质干扰对于培训的影响是极大的。新生代员工自我发展意识增强，他们仍然处于组织的最基层，职业技能缺失、社会适应能力弱,业余文化贫乏,强烈的现实反差使新生代员工培训需求十分强烈,但如果现实的组织培训制度不能满足个性化需求就会导致培训实效性受影响。

(四)绩效管理各环节协同能力不够

所谓绩效管理,是指各级管理者和员工为了达到组织目标共同参与的绩效计划制定、绩效辅导沟通、绩效考核评价、绩效结果应用、绩效目标提升的持续循环过程。目前,面对中小企业绩效管理结果和过程的冲突困境,根本原因就是没有将考核贯穿于绩效考核的全过程。因为因素分析考核、绩效目标考核、工绩效指标设计考核、绩效实施过程考核、绩效评估考核和绩效应用考核等几个环节不是孤立的,而是相互联系、相互制约、相互作用的。归根结底,中小企业绩效管理生态子系统各环节是协同进化和互利共生的关系。因而,在中小企业绩效管理中忽视任何一个环节,如忽视绩效实施过程的监控与管理,对于员工绩效和能力发展没有建立关联,也就没有将组织战略目标的实现与员工能力目标的实现相结合,那么绩效管理各环节协同能力的缺失必然影响企业的可持续发展。或者单纯以结果论英雄,看问题是看"点",既不看"线",也不看"面",必然存在诸多片面性,不可避免地产生绩效管理的结果和过程的严重冲突,使绩效管理背离组织初衷。

(五)人力资源薪酬管理缺乏生态位考量

生态位观表明在生态系统中,每一个生物个体或者种群都有特定的时间位置、空间位置和功能地位。不同层次的管理人员、不同年龄阶段的员工在企业人力资源群体中占有各自的空间，在群落中具有各自的功能和位置，发挥着不同的作用。根据马斯洛的需要层次理论，人有生理、安全、社会交往、尊重和自我实现等不同的需求，人的需求以由低级到高级的层次出现的，只有较低层次的需要得到满足，才能产生更高一级的需要，因此只有当较低层次的需要得到充分的满足后，后面的需要才具有激励作用。因此，在设计薪酬制度时，要针对不同员工的需求，增加不同的金钱、安全、社会地位、人际关系、成才空间等激励成分，进而提高薪酬的激励力。因此，在中小企业人力资源薪酬管理中，每一类群体的薪酬管理都有独特的生态位。不同的薪酬制度都需要寻求良好的生态位，因为它的适用条件是特定的，特定的群体、特定的薪酬管理原则、特定的薪酬比例设计、特定的配合机制。如果脱离这些具体的条件，薪酬管理生态子系统就可能遭受破坏或崩溃，导致所需资源的浪费和群体行为的改变，无法起到真正的激励作用。因此，每一类群体在整个薪酬管理生态子系统中都必须找到一个最适宜其特点的薪酬制度，即生态位。

（六）劳动关系管理未能抓住限制性生态因子

面对中小企业"脆弱式"人力资源劳动关系现象，人力资源管理者试图提高转变劳动关系管理观念、提高人力资源保护意识、强化劳动争议处理等方式缓解新生代员工劳动关系的不和谐问题。但上述理论研究和实践对策的不足在于，未能将制度因素作为内生变量纳入和谐劳动关系的构建过程中，未能从中小企业人力资源管理制度或劳动争议处理流程变革作为契入点，进而抓住人力资源劳动关系管理的症结所在。影响中小企业人力资源劳动关系管理生态子系统的生态因子有很多种，哪种生态因子不足或过量都会影响劳动关系和谐发展，这个因子就是限制因子。在一定条件下,劳动关系管理有效制度供给与和谐劳动关系同方向变化,而劳动关系管理有效制度需求与和谐劳动关系是反方向变化。因此,劳动关系管理有效制度需求量是比较大的,但另一方面有效的劳动关系管理制度供给量明显不足或者在一些环节上严重缺失,这就影响了和谐劳动关系的构建。显然,有效管理制度是劳动关系管理生态系统中的限制因子,而单从制度的有无、制度的多少去研究劳动关系管理并没有多大实际意义。当前中小企业不缺乏劳动关系管理制度,而是无效制度、不合理制度太多,导致劳动关系的和谐发展。

现代人力资源管理理论揭示,中小企业人力资源管理生态系统与组织环境不是单向的影响关系,而是双向互动的。然而,社会转型期的"紧缩性"人力资源管理政策难免会降低人力资源对组织经营战略的贡献价值,从而削弱中小企业应对新常态的核心适应能力。中小企业人力资源管理系统与生态系统的共通性表明,生态学原理以其崭新的语境和独特的视域对确保人力资源管理生态系统包括战略规划调整、招聘甄选、员工培训、薪酬激励、绩效考核和劳资关系等子系统的健康水平和适应能力,提供了重要的理论借鉴和可行的路径选择。

第三部分

模式研究

MOSHI YANJIU

第四章　中小企业人力资源生态管理模式研究

在社会转型背景下，全球化日益加深和全面的社会转型迫使中小企业要对变化的市场环境具有更强的响应性，运营方式和威胁应对都要更加灵活，更专注于长期核心竞争力。因而，人力资源管理系统不可避免地受到外部环境与各种内部管理活动的相互作用，系统完整性、整体健康水平和适应环境变化能力等方面也面临多重风险威胁的状态，人力资源管理模式创新问题逐渐被提上议事日程。随着人口、资源、环境和经济发展的冲突和矛盾不断加剧，人类社会的可持续发展问题日益凸显，独立单一的学科研究已远不适应当代和未来科学本身的发展，越来越多的研究注重移植和运用其他学科科学的研究方法和范式进行中小企业人力资源管理的跨学科研究。本书把中小企业视为具有生命的"拟生物化"商业主体，从生态学学科角度探讨"新常态"对中小企业人力资源管理的影响，试图揭示"新常态"赋予的中小企业和人力资源管理独特的生态特质。期望基于中小企业发展的特点创造出一套植根于人力资源管理实践和学科自身、富有生态学特色的中小企业人力资源管理模式。

一、"新常态"对中小企业人力资源管理的生态影响

中国经济正进入以中高速、优结构、新动力、多挑战为主要特征的新阶段。① 在"新常态"的背景影响下，中小企业人力资源管理也出现了新的变化。

（一）"新常态"催生了人力资源生态多样性

过去，我国产业以农业和第二产业为主，新兴产业和服务业并不发达，人力资源的多样性特征并不突出。② 随着中国经济增长更趋平稳，经济结构深刻调整，第三产业增加值逐渐超越第二产业，新兴服务业将成为推动经济社会发展的主要力量。同时在优化结构的"新常态"下，高水平引进来和大规模走出去正在同步发生。在此背景下，中小企业人力资源生态多样性成为常态：一是不同时代的员工共生共处。随着80后、90后新生代员工逐渐步入职场，成为推动中小企业发展和改革的主力军。与此同时，老一辈的企业员工仍然活跃在生产、经营和管理的一线，甚至一批退休的专业技术工人重新返聘到企业。结果，由于不同的成长环境和文化教育背景形成了相互独立、多元共生的价值观念、生活方式、个性特征和行为习惯。二是人力资源的跨文化管理更为普遍。随着我国"一带一路"战略的实施，国际化进程不断加速，越来越多的中小企业走出国门，在海外投资、设厂或者开立办事机构，也有大批的国外中小企业进驻我国投资兴业。在

---

① 田俊荣、吴秋余：《新常态，新在哪？》，《人民日报》，2014年8月4日。
② 苏永华：《中国人力资源"新常态"下企业人力资源管理的转型之路》，诺姆四达网，http://www.normstar.com/ideainfo-96.aspx。

此背景下，国内企业和外国当地员工、国外企业和我国本土员工、国内员工和海归员工，由于文化熏陶、思维方式和行为方式不同，中小企业的跨文化管理也必然成为常态。此外，除了人力资源个体生态系统，多样化的种群生态系统、群落生态系统、区域生态系统和国别生态系统都将成为中小企业人力资源管理的新常态。

（二）"新常态"增加了人力资源生态风险

在经济社会发展的"新常态"下，中小企业面临着诸如经济发展速度放缓、人口老龄化、信息技术更新加速、社会转型等各类风险，人力资源管理面临多元化挑战。一方面，从个体风险分析，面对中小企业存在不确定因素似乎越来越多，风险也越来越大的新环境，新生代员工的个性化、多元化的消费方式、追求自由的生活方式、多变的职业观念和向往灵活的工作方式与传统人力资源管理系统的生态承载能力矛盾越来越突出。因此，如何在以人为本的基础上，正视新生代员工的人格复杂性及非理性因素，提高人岗匹配度，提升人力资源生态位水平是当今中小企业人力资源管理的重大课题。另一方面，从整体风险分析，人力资源管理生态安全水平堪忧。在"新常态"下的风险社会中，中小企业在人力资源方面存在数量减少、质量不高、保健投入不够、转岗和职业转移陡增等风险因素。同时，上述风险存在于人力资源规划、员工招聘、员工培训、员工薪酬、员工绩效、人力资源保护和跨文化管理等管理环节中。随着整个社会转型的不断加剧，现在人力资源管理生态安全的最大的挑战不是在于如何建立人力资源管理的各个生态子系统，而是建立之后，各个生态子系统之间的衔接未能环环相扣，人力资源管理的整体功能无法发挥，还不能很好地实现人力资源管理与内外部环境适应性互动以确保人力资源管理生态安全。

(三)"新常态"衍生了人力资源界面管理

随着中国产业结构的不断调整和优化,新兴产业、服务业、小微企业的作用更加突出,其与传统产业的融合发展更加普遍。"跨界与整合衍生出新的业务需求和新的产品、服务,云计算、大数据等技术使得人力资源产业的边界不断被打破。"① 在"新常态"下,中小企业人力资源之间及其各组织部门之间、利益相关者之间或各种工作流程之间在信息、物质、资金等要素交流、联系方面的交互作用不断凸显,人力资源界面管理被提上日程。第一,中小企业人力资源管理部门和人力资源管理者需要扮演多重角色。美国著名人力资源专家戴维·尤里奇教授指出,"人力资源部应该扮演四种角色:战略伙伴、员工关系专家、事务管理专家和变革助推器"②。在"新常态"下,人力资源管理已经进入一个人力资本时代。无论是人力资源部门,还是人力资源管理者,都不仅需要掌握规划、招聘、薪酬、绩效、培训等常规职能性工作,而且还需要具备产品、技术、服务等业务知识,能够跨越产业边界、跨越企业边界地去思考组织发展和人力资源管理创新。在互联网+时代,只有成为职能专家和业务专家等多重角色,才能针对性地开展人力资源管理工作,通过提升人力资源管理效能,帮助业务部门创造更大的效益。第二,中小企业利益相关者的交互可以创造价值。互联网时代,管理者、员工、顾客、供应商、服务商、竞争者、媒体,甚至是粉丝都可以成为受中小企业组织决策和行动影响的利益相关者。同时,管理者和员工、供应商和服务商、员工和客户等利益相关者的

---

① 黄瑶:《顺应移动互联时代"新常态",人力资源供应商的新挑战》,《第一财经日报》,2014年12月31日。
② 〔美〕尤里奇等著:《高绩效的HR:未来HR的六项修炼》,钱峰译,中国电力出版社,2014年版。

生态界面交互频率提高，界限越来越模糊。因此，基于互联网，利益相关者可以利用微信、微博、易信、贴吧、论坛等自媒体工具，通过即时交流、团队合作、群体协同等方式，采取 B2B、B2E 等模式，随时随地提出产品创新和管理效率提升建议，进而创造人力资本价值。

（四）"新常态"推动了全面人力资源管理

在"新常态"下，中国经济增长动力从依赖要素驱动和投资驱动转向创新驱动。随着人口老龄化趋势的发展，中小企业可持续发展动力从依靠低成本的人力资源转向人力资本质量和技术进步。因此，一方面，要提高员工人力资本质量，必须在坚持组织发展和个人发展共生态基础上强化全面人力资源管理。过去人力资源管理的目标更多的是强调组织目标的实现，忽视了个人成长和发展的诉求。那么，只有引入人力资源生态系统的理念，通过人力资源发展战略和规划、工作分析和工作设计、胜任力选聘机制、职业生涯发展通道设计、人才培养体系、薪酬体系、绩效管理体系等人力资源管理环节，并建立各个环节协同发展、融合共生、有效衔接和良性互动的机制，才能实现对人力资源的全面而有效的管理。另一方面，要提高员工技术创新能力，必须抓住影响人力资源生态系统的限制因子，强化核心人才的全面管理。知识型工作对中小企业的经济效益增长和竞争力提升的作用越来越大，因此必须对创新型管理人才、专业技术人才、大学生人才和企业兼职人才等多种潜力性创新群体高度重视。同时，考虑到该类群体知识水平高、独立性强、思维活跃、价值多元等特征，应充分挖掘个人创新潜质和职业生涯发展方向，注重个性认可、绩效认可、目标认可、行为认可和忠诚认可等全面激励，通过长期跟踪、发展评价和职业生涯指导，为中小企业技术创新提供多元化的人才储备资源。

二、"新常态"下中小企业人力资源生态管理模式

(一) 人力资源生态圈模式

在新常态下，以"互联网+"为代表的创新成果深度融合于人力资源生态系统中，催生了更为广泛的人力资源生态圈模式。借鉴相关学者的观点①，中小企业人力资源生态圈可以界定为：在特定的组织与时间内，中小企业与外部自然、社会、政治和经济等环境和与内部所有各类人力资源个体与各部门组织以及整个企业组织之间，由于物质循环、能量交换、信息传递、成果共享而共同形成的相互联系、相互影响、相互依存的物质—能量—信息关系系统。该模式具体包括三个方面的内容：一是中小企业人力资源宏观管理模式。即在一定的时空内，遵循开放、有序、合作、共赢的原则，中小企业与其赖以生存的外部环境相互作用，通过物质循环、能量交换和信息传递形成一个共存的生态环境。在这个宏观背景下，中小企业人力资源生态系统与外部的政治子系统、经济子系统、社会系统与文化子系统之间相互协调、相互配合，共同确保中小企业系统的有机存在，最终实现整个产业生态链条及中小企业的可持续发展。二是中小企业人力资源中观管理模式。目前，中小企业人力资源问题层出不穷，但在解决方面往往头痛医头，脚痛医脚，碎片化现象严重，缺乏从人力资源生态系统的角度解决问题。因此，中小企业人力资源中观管理模式即借助人力资源生态圈理论，着力构建中小企业内部人力资源规划、工作分析、员

---

① 颜爱民：《人力资源生态系统刍论》，《中南大学学报》（社会科学版），2006年第1期；田书芹、王东强：《基于人力资源管理生态系统的雇主品牌塑造》，《企业经济》，2010年第7期。

工招聘、企业培训、薪酬管理、绩效管理和劳动关系等人力资源管理体系的"微生态"系统。通过健全选人用人、能力提升、考核激励和职业生涯发展的工作机制，激发员工积极性和创造力以多层面、多角度和多环节的人力资源管理生态系统运作，从职业定位、发展平台、福利待遇、成长空间和个人情感等方面营造良好的中小企业人力资源生态环境，创设人岗匹配、充满活力的中小企业人力资源生态圈。二是中小企业人力资源微观管理模式。如上所述，"互联网+"时代是一个竞争合作、开放包容、利益攸关的"有机生态圈"。在这个时代，中小企业的每一个人力资源个体、人力资源群体和人力资源部门之间不仅是竞争对手，更是合作伙伴；不仅是相互独立的个体，更是开放包容、相互学习的种群和群落；不仅需要资源、利益共享，更需要风险共担。该模式强调中小企业内部人力资源个体、群体与各部门组织以及整个企业生态系统之间，相互独立、相互影响、相互依存、相互制约，在不同利益相关者之间有效衔接和良性互动过程中成为一个有机的生态圈。

（二）人力资源生态调适模式

在新常态下，从50后到90后，不同时代的员工同处一个组织，共同面对一个项目，尤其是新生代员工的个性特征和多元诉求不断冲击传统的人力资源生态系统，这就需要人力资源管理者既要满足新生代员工的多样化需求和传统员工的共性要求，力求组织目标和员工需求的相对平衡，人力资源生态调适模式应运而生。对于任何一个相对稳定的生态系统，物质、能量、信息都在生态系统循环运行过程中不断地进行着输入和输出，其生态平衡是动态的、相对的，它具有复杂的反馈机制和组织机制。人力资源生态调适模式正是利用生态平衡适应原理，通过自组织机制和输入反馈机制，实现人力资源生态系统的自我修复、自我完善，使它不仅能维持自身的稳定结构和功能，而且要根据人力资源生态环境的变化在生态干扰机制作用下重构人力资源生态系统的结构，发展新的生态功能，产生新的生态效益。一是发挥人力资源自组织功能。人力资源生态系统完全可以"无需外界特定指令而能自行组织、自行创生、自行演化，能够自主地从无序中形成时间、空间或功能上的有序"[1]。因此，人力资源管理要以尊重和依法保证员工的正当合理权益为基础，以生态自组织的观点为指导，通过在系统内外建立完备的信息传输与反馈系统，使人力资源资源达到优化配置和高效利用的境地。二是善于利用不同生态因子的特性。在人力资源生态系统调适和控制过程中，必须时刻关注不同生态因子的发展和运行态势，考察生态因子在人力资源生态系统中的时空位置和效用强度，挖掘利导因子的良性作用，克服限制因子的不利影响，进而实现人力资源系统的生态平衡。三是强化人力资源开放程度。中小企业人力资源生态系统本身就是开放性的，只有在对外开放的过程中，各类知识信息才能得到有效交换和共享共用，各种学科专业结构才能得到融合渗透，各种不同的岗位技能和综合能力才能得到不断提升。因此，在一定意义上讲，中小企业人力资源系统的生态调适在与外界环境的不断交流互动中，团队自我组织、素质自我提升，结构自我优化。

（三）人力资源生态位模式

"新常态"下，随着劳动力成本优势的逐渐消失，质量型人口红

---

[1] 吴彤：《自组织方法论研究》，清华大学出版社，2004年版。

利逐渐替代数量型人口红利，中小企业的核心竞争力归根结底取决于人力资本的竞争力，人力资源管理进入一个人力资本价值创造的新时代。因此，推进中小企业人力资源向人力资本的转化，这就需要建立人力资源生态位模式。一般意义上讲，人力资源生态位是人力资源个体或者群体在人力资源生态系统中，由于自身知识、技能和文化水平的差异及与外部生态环境相互作用所占据的时空位置、权力地位和表现的功能作用。人力资源生态位模式就是指利用人力资源生态位原理，充分利用人力资源本身的资源（"态"，如人格魅力、物质资本、社会资本等），通过各种方式形成对人力资源生态系统和企业生态系统的影响力（"势"，如资源利用能力、环境适应能力、支配能力等）。优化人力资源生态位，提升人力资源整体效能和结构效能的主要策略有：一是灵活选用配置方式，精准进行人岗匹配。优化人力资源生态位的关键是在评估人力资源胜任力的基础上，"根据其自身的特质将其在最适当的时间以最准确的方式配备到最能发挥其作用的岗位上"[①]。因此，针对常规性工作可以采取内部配置的方式依据人力资源的知识、经验和能力及不同岗位的需求对组织内部现有人员进行合理化配置；针对某些基层岗位或某些临时工作岗位，可以采用外包服务、兼职、招聘志愿者等方式进行的外部配置。二是引入生态竞合机制，提高人力资源效能。人力资源个体效能是整体效能的基础，"人力资源生态位是通过个体生存、发展、竞争这三个维度的能力来体现的"[②]。一方面我们可以营造发挥人力资源个体潜能的生存、发展、竞争的环境，引入岗位晋升的竞争上岗机制、绩效管理的末位淘汰机

---

① 盖宏伟、塔娜：《人力资源生态位的优化对策研究》，《赤峰学院学报》（哲学社会科学版），2013年第10期。

② 佚名：《人力资源生态位界定及测度》，百度文库. http://wenku.baidu.com/link.

制、薪酬福利的绩效工资机制,在适当压力与积极激励下引导员工发挥自身资源优势,以积极向上的内生力,争取较高的人力资源生态位。另一方面,我们可以引入合作机制,通过团队项目,明确不同人力资源个体的生态位,提高人力资源组织协调能力、领导沟通能力和团队协作能力,以此提高人力资源的整体效能。

(四)人力资源生态链模式

"新常态"下,多元化和动态化的经济社会发展环境对中小企业人力资源生态系统的稳定性提出了严峻的挑战。面对新生代员工和谐劳动关系低和参与度有限的现实困境,激发员工内在潜力,推进全面人力资源管理,引入人力资源生态链模式成为提升人力资源管理效能的重要路径选择。中小企业人力资源生态链模式是指在人力资源生态系统中,模仿自然生态系统中的生产者、消费者和分解者,以人力资源价值(职责、信息、知识、技能、经验等)为纽带形成的具有工作衔接关系的环节链条。[①] 主要包括:一是人力资源主体生态链。按照人力资源生态系统中决策者、协调者、执行者(对应生态系统中的生产者、消费者和分解者)的角色关系分别处于人力资源生态链条的不同节点上,并按照食物链的运作规律进行着人力资源价值(职责、信息、知识、技能、经验等)的传递[②];二是人力资源服务生态链。主要是起支持和服务作用的生产、营销、研发、财务、后勤等部门的人力资源,这些员工将从资金、产品和服务角度来影响人力资源主体生态链的构建和运行。实现中小企业人

---

① 王东强:《生态学视域下高校思想政治教育主体研究》,西南财经大学,2013年版。
② 王东强:《生态学视域下高校思想政治教育主体研究》,西南财经大学,2013年版。

力资源生态链模式的有效运行,首先需要推进人力资源主体生态链的有效衔接。一方面,从纵向上分析,如上所述,人力资源内部生态系统中决策者、协调者、执行者更多的是指人力资源高级管理者(如 HR 总监)、人力资源中层管理者(如 HR 主管)、人力资源基层管理者和普通员工(如 HR 专员),要实现人力资源主体生态链的高效运作,离不开这些主体在职责、功能等方面的有效衔接和相互补充。另一方面,从横向上分析,对于人力资源内部生态系统中的所有子系统而言,只有实现规划 HR 管理者、工作分析 HR 管理者、招聘 HR 管理者、培训 HR 管理者、薪酬 HR 管理者、绩效 HR 管理者、劳动关系 HR 管理者的良性互动,才能提高人力资源生态系统的整体效能。其次需要推进全面人力资源管理,构建良性的人力资源生态链。一方面要全员参与。即动员上至董事长、总经理等高层管理者、中至业务部门的中层管理者,下至基层管理者和普通员工都要参与人力资源规划、工作分析、招聘计划、培训规划、薪酬体系、绩效体系等人力资源管理产品的设计和制定,提升人力资源效能。另一方面要全员培训。强化对所有业务人员的培训,构建良性的人力资源生态链,让企业管理者和非 HR 人员树立战略人力资源管理理念,尽快融入人力资源管理体系中的角色,履行人力资源管理的职能,实现中小企业人力资源管理目标。

(五)人力资源生态学习模式①

"新常态"下,互联网成为新的时代标志,员工工作时间常常被短信、QQ、微博、微信、易信等即时通信工具碎片化了。利用碎片

---

① 田书芹、王东强:《生态人力资源管理研究》,电子科技大学出版社,2011 年版。

时间，利用移动设备按需学习，让微学习无处不在、无时不在就成为学习型组织的新常态。因此。中小企业人力资源生态学习模式，是指人力资源与利益相关者以及学习环境所结成的相互关系，并通过对这些相互关系的把握，善于通过其他利益者和周围学习型生态环境的良性互动而获得有效学习的过程。究其内涵和实质，生态学习模式是学习者通过包括移动设备等方面的各种方式与自然物质世界、社会生活世界与学习者自身经验世界之间相互关系而实现的物质流、知识流和信息流的沟通与转换。构建中小企业人力资源生态学习模式需要通过以下方面的努力：一是倡导生态学习理念。从人与人的关系看，每个人都可能是学习的对象。从人与环境的相互关系分析，学习者无时无刻不与学习资源、认知工具以及开放共享的人际心理支持组成的学习环境密切相关。因此必须树立工作学习化、生活学习化、娱乐学习化、可持续学习、终身学习、全民学习、合作学习等生态学习理念。二是营造生态学习交互环境。首先是物理环境。可以设置专门的学习讨论办公室，放置沙发、软垫，配备必要的纸笔工具，进行互动性学习；可以利用现代技术手段和即时通信工具，设置虚拟空间和交互平台，架构生态学习平台。其次是社会环境。构建非人格化交换的"陌生人社会"中现代"市场信用"文化环境，更加注重社会人之间的相互信任和情感交流，为营造生态学习交互和知识共享提供保障。三是创新生态学习制度设计。可以通过针对个体学习设计兴趣学习小组、针对团队学习设计深度汇谈和工作学习化方式、针对组织学习设计实践社团方式实现人力资源的微学习、微合作、微共享。四是完善生态学习行为规范。一方面加强自组织学习行为规范。加强自我学习评价，通过学习者自省、自我发现的过程，了解学习者能力以及知识的掌握程度，不断在知识汲取、学习方式、资源整合等方面改进学习策略。另一方面，针对生态学习环境失衡现象,应加强生态干扰行为。通过对学习型组织的学习活力、知识扩散力、生态恢复力和资源负荷力等指标因子事先制订评估量表,制订相关政策、法律和道德教育规范引导和规制错误的学习行为,提升生态学习质量。

第四部分

机制研究
JIZHI YANJIU

第五章 中小企业人力资源准备度评价体系与提高方法
——基于生态调控原理的分析

一般而言，社会转型是指经济体制、政治理念、文化形态、价值观念等发生整体而全面的深刻变化。总之，经济、政治和文化等方面的社会转型给中小企业人力资源开发和管理提出了新的挑战和要求，其中非常重要的就是要基于生态调适原理不断提高中小企业人力资源准备度，以确保关键岗位的核心员工具有较强的胜任能力，进而保证中小企业的可持续发展。

一、基于生态调控原理的社会转型期中小企业人力资源准备度评价体系

生态调控包括自然调适和人工调适，我们可以在人力资源管理视域下，基于生态系统的人工调控机理对中小企业人力资源准备度评价

体系建构路径进行讨论。人工调控是指按人的需求目的,在系统内同自然调节产生互补作用的调控措施,是以自然调节的补充、调整和增强作用而存在。现代中小企业人力资源管理者可以利用生态方法对生态系统进行人工调控,对提高人力资源管理生态系统的生产力,满足人类日益增长的需要,起着巨大的作用。

(一)利用生物生化调控构建关键绩效指标

生物生化调控是通过对生物个体及种群的生理及遗传特性进行调节,以增加生物对环境的适应性及提高生物对环境资源的转化效率。因此,通过人力资源规划水平必须抓住中小企业人力资源管理战略的核心特征。人力资源准备度关注的核心是战略能力要求与实际能力要求的符合度和匹配度,平衡计分卡不仅可以使中小企业人力资源战略成为每个部门和相关员工的日常工作,而且使得人力资源管理者拥有全面统筹战略、人员、流程和执行四个关键因素的管理工具,进而可以平衡社会转型期组织长期和短期、财务和非财务、内部和外部的利益关系,确保中小企业长远可持续发展。根据社会转型对中小企业人力资源管理与开发的影响分析,笔者试图把中小企业人力资源战略目标转化和分解为财务、客户、内部业务流程、学习与成长四个方面的可操作性关键指标。

表 5-1 中小企业人力资源准备度评价关键绩效指标

角度	指标名称	指标目的	指标测度	权重	评分	数据来源
财务类	人力资源准备成本控制率	强化资金管理,降低人力资源准备成本、把相关费用控制在适度的范围内	(实际人力资源准备成本/目标预算成本)×100%	6		财务部门相关数据

续表

角度	指标名称	指标目的	指标测度	权重	评分	数据来源
财务类	人均人力资源准备可控费用	降低中小企业人力资源准备体系设计、规划和改善人力资源准备体系所有费用消耗,加强对成本和费用的控制能力	(工资+对外咨询费+资料费+培训费+差旅费)/人×100%	6		财务部门相关数据
	人力资源准备体系成本收入率	通过人力资源准备手段在一定成本下,使人力资源经验和价值得到增值,从而给中小企业带来更多回报和效益	(取得成本+开发成本+离职成本+使用成本)/人力资源收入×100%	10		财务部门相关数据
客户类	外部客户满意度	快速响应市场经济需求和外部环境变化,保持人力资源及时跟进和逐步提高	接受随机调研的外部客户对人力资源准备体系满意度评分的算术平均值	10		满意度问卷调研
	内部客户满意度	反映中小企业各个部门、各类员工对人力资源准备体系的满意程度	接受民主测评的相关部门和员工对人力资源准备体系满意度评分的算术平均值	10		满意度民主测评
	客户投诉解决的满意率	减少或避免同类事件的发生,从根本上对人力资源准备体系进行持续的改善	(客户对解决结果满意的投诉数量/总投诉数量)×100%	5		客户投诉记录
	雇主品牌调查	反映人力资源准备体系在客户心中的地位,提升雇主的信誉度、美誉度和知名度	接受随机调查的客户对项目评分的算术平均值	3		雇主品牌问卷调研
内部流程类	书面的人力资源管理流程和制度所占的百分率	反映人力资源管理的规范化水平,确保人力资源准备各环节流程有章可循,提高执行力	(书面化的流程和制度数目/所有需要制订的流程和制度总数)×100%	10		需书面化的流程与制度规定

续表

角度	指标名称	指标目的	指标测度	权重	评分	数据来源
内部流程类	员工参与率	提高中小企业战略发展目标关注程度以及围绕具体目标而改进的效率	主管部门认可的企业改进建议数量和质量	5		部门工作记录
	优秀员工招聘率	有效地招聘适配中小企业工作岗位和人力资源开发的优秀员工	（每年招聘到的优秀员工人数/当年招聘人员总数）×100%	4		人力资源部统计资料
	关键员工保持率	挽留与中小企业长期利益息息相关的关键员工	（每年年末在职的关键员工人数/当年年初的关键员工总数）×100%	4		人力资源部统计资料
	员工流动率	提高员工忠诚度，吸引员工，提高人力资源管理效率	（每期离职人数/每期平均人数）×100%	4		人力资源部统计资料
学习与成长类	胜任力培训体系健全性	强化各部门胜任力培训体系的针对性，提高人力资源准备程度	胜任力培训课程的合理性，胜任力培训方式的创意性，胜任力培训师资的专业性	6		培训工作记录
	员工企业文化传承和创新	发挥中小企业文化的引导和规范作用，保持人力资源文化的延续性和激励性	企业文化内容和形式，企业文化的实际效用	6		企业文化部文件
	员工培训参加率	评价员工参加胜任力培训和文化培训的实际情况	（实际参加培训的员工数/规定应参加培训的总人数）×100%	3		培训出勤记录
	人才梯队体系完备性	强化各部门人力资源准备体系的完善性，畅通各类人力资源职业发展通道	人才档案信息库完整性和更新度，各类人力资源储备机制，人力资源职业发展通道设计	8		人力资源部文件
总分	结评 = 财务类 + 客户类 + 内部流程类 + 学习与成长类					
综合评价			考核人签名：		年 月 日	

（二）利用系统优化原理运用360度考核法进行评估

如上所述，中小企业人力资源管理系统是一个完整的、开放的、动态的生态系统，在社会转型期只有站在生态调适的角度利用系统优化原理去调控人力资源规划，统筹考虑不同主体的价值取向，我们才不会在人力资源管理建设中顾此失彼。根据已经确定的人力资源准备度评价关键绩效指标，中小企业可以采取360度考核法，要求员工自己、上司、直接部属、同事甚至顾客（包括内部顾客和外部顾客）等不同主体从全方位、多角度来评估各个部门、具体岗位和整个组织的人力资源准备度，评估内容主要包括财务、客户、内部流程、学习和成长四个方面。运用人力资源准备度评估工具，中小企业可以获得组织在战略导向、规划设计、员工招聘、培训开发、制度文化等方面以及个人在知识、技能、经验、个性特征、社会角色、价值观、领导力开发等方面的人力资源准备度信息，最终通过比较战略要求能力和当前实际能力之间的差距确定人力资本准备程度，进而通过与人力资源管理专家或职业经理进行讨论得出中小企业人力资源准备度报告。

（三）利用输入输出调控构建人力资源准备体系

生态系统是一个开放性系统。输入输出调控就是使生态系统输入的各种物质、能量的种类、数量和投入比例适合生态系统持续发展的需要。同时控制非目标性输出，防止因流失造成的营养元素的损失。根据隐喻研究理论和方法，人力资源管理生态系统可以通过调控人力资源管理的现代性输入（包括机构设置和需求分析）和目标性输出（包括供给分析和平衡策略）的平衡，使人力资源准备度不断提高。在社会转型期，中小企业战略人力资源准备体系构建需要高层管理者在企业发展战略指导下，全面核查和盘点组织现有人力资源，根据社会环境的变化形势，研判分析组织对人力资源需求的时间、数量和质量，寻找差距，然后进行针对性规划和管理，主要内容包括招聘规划、补充规划、晋升规划、培训开发规划、薪酬规划、调配规划等方面。主要操作要点：一是设定中小企业战略工作群组。根据中小企业战略和目标的要求，进行战略人力资源准备规划，制定中小企业人力资源战略地图，准确规划设定出对组织战略实现最关键的战略工作群组及其核心人力资源数量和质量。二是中小企业人力资源需求分析。对中小企业战略工作群组现有人力资源年龄结构、知识结构、技能结构、学历结构、能力结构状况进行调查，结合员工胜任力调查表和工作业绩分析表，探讨现有员工是否适合现有岗位以及轮岗、调配、晋升的可能性等。三是中小企业人力资源供给分析。根据社会转型时期对人力资源的需求预测，结合人力资源对比分析，预测中小企业未来相应时期内组织内部可以自行供应和组织外部可以获取的人力资源。四是制定中小企业战略人力资源平衡策略。根据中小企业胜任力模型和文化素质模型，对各个战略工作群组及其人力资源所需要的知识、技能、社会角色、个性特征、动机和价值观进行适配，战略性地把握中小企业人力资源的需求与供给，规划出提高人力资源准备度的具体方案。

（四）利用生境调控完善相关配套机制

生境调控是指为了增加生物种群的产量而采取的一种改造生态环境的措施。例如，可采用物理、化学和生物的方法改良土壤环境、气候因子和温湿条件。中小企业人力资源准备体系是一项具有生态系统性质的战略工程，它需要完善的配套机制，创设人力资源规划发展体验环境。因此一方面在人力资源管理方面，对于中小企业那些人力资源准备度较高组织和符合战略人力资源准备要求的员工，出台清晰化的任职资格要求、标准化的招聘流程、弹性化的工作设计、系统化的培训体系、快速化的晋升机制、宽带化的薪酬制度、优厚的探亲福利等一系列配套机制，实施激励倾斜政策。另一方面在财务管理方面，考虑到社会转型期中小企业管理过程中人力资源流动频繁的现实情况，建议设立"人力资源流动准备"这一备抵账户，根据本企业经验或参照同行类似情况按期计提备抵，实际发生人员流动时再注销确认损失，以此进一步提高人力资源准备度。

二、生态调控视域下提高中小企业人力资源准备度的主要方法

中小企业人力资源规划是动态调整的过程，必须运用生态调控的方法对企业人力资源需求和供给进行预测，使中小企业转型与社会转型相一致，人力资源规划与企业战略规划相一致、人力资源规划与中小企业实际相一致。

（一）战略地图法

战略地图法的核心思想是通过分析财务、客户、内部流程、学习与成长等四个层面因果联系而绘制的企业战略图，运用中小企业人力资本，再造和创新内部流程，进而把中小企业特定价值带给客户，从而实现股东价值。在提高中小企业人力资源准备度方面操作要点是，

首先根据客户和股东价值主张确定战略工作组群，再基于平衡计分卡评估人力资本准备度，然后构建胜任能力图解确定人力资本提升时间表，最后根据前面确定的战略地图以及相对应的不同目标、指标和目标值，确定一系列人力资源规划行动方案，配备资源，形成预算。如家快捷酒店便是成功的典型案例，其在战略地图制订上明确中端酒店的定位，然后运用战略地图，在降低成本、满足客户需要、内部流程优化和加强服务意识等四个层面进行战略人力资源准备，逐渐建立了竞争优势。

（二）人才后备法

中小企业要想在风云变幻的社会转型中保有一席之地，强化员工胜任战略要求的能力和应对各种危机的能力，必须以做好人力资源的规划，加大对后备人才的培养力度。其要点一方面可以在理论层面通过对中小企业后备人才进行市场观念、领导能力、企业文化、实战能力等方面的专题学习与培训，使后备人才早日成长为中小企业的中坚力量。另一方面在实践层面坚持"后备干部重点培养，优秀人才优先培养"原则，有意识地把有发展潜力的年轻后备人才放在一定岗位上压担子、搭平台、多锻炼，积极引导他们投身于各种中小企业工作实践之中，在实践中提高素质，增强技能，增长才干。2002年苏宁就启动了"1200工程"，宣布每年从全国著名高校招聘1200名应届本科毕业生，用两年时间培养成部门负责人，并能够胜任中层管理岗位。这为苏宁日后的腾飞奠定了坚实的基础，相关数据表明，现在苏宁总部各部门的管理人员有一半来自"1200工程"。不仅如此，苏宁又拟定了"千名维修技术蓝领工程""百名店长工程"和"中层管理梯队工程"，可以说后备人才培养体系成为苏宁发展的重要支撑。

(三)"掠夺人才"与"超前号才"法

所谓"掠夺人才"即中小企业可以在某些特殊时刻利用大型企业裁员机会将这些人才进行抄底,及时补充到本企业;而"超前号才"是在企业条件允许的情况下保持人才的冗余度,以应对突发的人才流失危机。其操作要点是中小企业首先要对本企业人力资源需求和供给状况进行短、中、长期预测,评估人力资源准备度,进行合理的人力资源规划,制订出具体行动计划,或"掠夺人才"或"超前号才",以赢得成本优势。1998年,华为一次性从全国招聘800多名毕业生,2000年和2001年这一数据分别增至4000和5000人。华为在业界被指为"垄断人才"的做法,其目的是把有限的人才都拢到自己的手里,即使自己暂时用不完也储备起来,以备发展之需。事实证明,这些毕业生经过特殊的人才准备和培养业已构成华为管理层和科研层的中坚力量,这显然是对"囤积人才,人才抄底"策略的完美演绎。作为高校与企业联合发展的代表——东软集团,在人力资源发展方面基本保持其10%—15%的人才冗余度,一部分人或在轮休,或在培训,这样能有效应对企业突然间的人才流失或者突发状况。

(四)战略行动学习法

社会转型期,中小企业要提高人力资源准备度必须制定符合本企业的人力资源战略,并分解到各个子公司和各职能部门,以随时应对新的变革和各种突发状况。但是,仅仅有好战略设计是远远不够的,更重要的是提高执行力,实施和创新战略,战略行动学习法契合了这一需求。此方法操作要点一是设立中小企业战略中心组织,职责之一就是负责系统地描述、衡量和管理人力资源战略,把中小企业人力资源准备度平衡计分卡用作绩效衡量框架，逐步拓展和运用到战略执行和管理流程优化过程中。二是通过实际参与式行动来学习，即通过让中小企业员工参与一些实际工作项目，或解决一些实际问题，在反思与行动相互联系的基础之上来快速聚焦战略和核心业务，发展他们的领导能力和管理技巧，进而建设学习型组织文化，推进战略执行的速度和力度。DT公司面对原有业务增长乏力，新业务非常稚嫩的困境，基于客户的需求，运用战略行动学习方法，将四十多位公司中高层管理人员和关键岗位人员按照行动学习小组多样性原则，分成了5个小组，设计并实施了3天3夜的参与式战略工作坊，帮助客户形成了系统的未来3—5年的战略思路，并制订出相应的行动计划。结果，全体参与者形成了统一的战略思维结构，提升了不同管理者的战略思维的能力，同时打破壁垒、协同配合文化得到提升和强化，为公司应对外部竞争环境和内部发展困境提供了人力资源支撑。

第六章　中小企业社会化招聘流程优化机制设计
——基于生态加环原理的分析

长期以来，中小企业人力资源招聘由于自身品牌形象影响力有限又缺乏管理层的高度重视，面临着人力资源招聘规划战略性缺失、招聘方式滞后、招聘工作流程不规范、招聘工作效率不高等问题，影响了中小企业在社会转型期的生存和可持续发展。其中，传统以报纸、杂志、电视、广播等媒介招聘的形式，大多存在着简历筛选工作量大、招聘面试盲目性突出、招聘成本费用较高、人岗匹配度不高等现实困境。随着网络技术的深度拓展，网络招聘蔚然成风，发展势头良好，但传统网络招聘也存在诸多弊端，虚假信息使得招聘风险倍增，招聘信息过时失效使得求职者搜寻成本上升，招聘信息爆炸使得人力资源招聘者工作难度加大。在这种传统媒介招聘和网络招聘都面临着尴尬困境形势下，微博作为新兴社会化招聘平台的先行者的出现弥补了当下媒介招聘形式不足。

一、微博时代中小企业社会化招聘的优势分析

2012年8月发布的《2011/2012世界工作报告》显示，85%的中国受访雇主相信未来社交媒体将成为招揽人才的重要手段，尤其在招聘会计师、商业、IT等上网非常活跃的专业人士时将发挥巨大作用。从内涵上讲，社会化招聘是指组织或者个体利用新兴网络媒介、社交网络发布职位信息，然后通过简历搜索、职位互荐、人岗互动等流程获取与社交充分融合、适合企业发展的人才过程。在微博时代，中小企业和管理层都可以随时发布微博招聘信息，同时招聘方与求职方在微博互动中，可以进行即时交流，加强相互认知，有利于提高人力资源招聘质量。其优势主要表现在以下方面。

（一）利用官方微博提升中小企业雇主品牌形象

研究表明，大约有五成的员工表示，中小企业雇主品牌形象及其竞争力会影响他们应聘求职的选择，当能够在梦想和期望的工作环境和人际环境中工作时，他们更愿意去选择那些品牌形象出众和社会口碑较好的中小企业。因此，官方微博的建立可以促进中小企业进行雇主品牌形象定位和塑造。一般来讲，中小企业官方微博会通过设立工作坊、地图、微群、生活广场、员工角、职场人等区域，用视频、博客、图片等形式来展示企业文化观、价值观和人才观等信息，让应聘者或者潜在求职者了解在你的企业工作的真实情况，进而传递出中小企业雇主品牌形象理念以及给应征者分享求职体验。这不仅有利于发挥营销中小企业、宣传雇主品牌形象的作用，同时还有利于在微博"粉丝"中发掘和识别企业所需要的潜在人才。

（二）利用微博转评拓展中小企业招聘信息

对组织内部而言，中小企业通过官方微博发布招聘信息之后，岗位求职信息会通过诸如 QQ 群、人人网、MSN 等其他社会化招聘媒介，在组织部门和部门之间、内部员工与员工之间迅速传播，使得组织中的每一个员工都可能成为事实意义上的人力资源招聘者。对组织外部而言，人力资源招聘信息可以通过社会化招聘媒介，进行人际关系链式的传播，然后这些微博招聘信息被中小企业"粉丝"一个接一个地进行转发—评论—再转发—再评论，最终可以被任何一个潜在的求职者收到。这种招聘信息相互转发和评论式的沟通传播超越了传统的"指令式"单向发布，不仅可以显示与搜索信息相关的联系人的信息，帮助中小企业找寻潜在的求职者，发现更多的人力资源招聘机会，更重要的是通过微博转评，深化了招聘岗位的胜任力要求，拓展了求职者的人脉关系，增加了人力资源岗位匹配率，使得中小企业可以更快更准更真实地找到合适的候选人。

（三）利用微博互动减少招聘双方人岗匹配风险

中小企业在人力资源社会化招聘时，常常会要求应聘方提供微博地址，通过搜寻和浏览求职者微博形式设计、主要内容、发帖时间、回帖次数、浏览者个人背景信息等可全面考察该应聘者规划设计能力、信息搜集整理能力、问题分析能力、时间管理能力、沟通协调能力、社会交往能力等综合能力，进而对应聘人员进行初步筛选，使中小企业更好地了解应聘者。另一方面，应聘者在与中小企业官方招聘微博互动讨论过程中，可以通过直接的留言回应或者人人网等社会化媒介，全面了解中小企业组织机构、运营模式、绩效考核、薪酬管理、企业文化等方面的情况,进而使彼此有更为深入的了解,提高应聘人员与招聘岗位的契合度和匹配度,从而实现人力资源与中小企业无缝对接。

二、基于生态加环的微博时代中小企业社会化招聘流程设计

中小企业人力资源招聘体系本身就是一个完整的生态系统。生态加环原理指人们根据生态系统营养结构的相关原理,在原有生态链网中增加或引入新的环节(主要分为增益环、生产环、减耗环、复合环、加工环)的一种常用方法,可以提高生态系统的能流和物流的效率。较于传统招聘,微博时代中小企业社会化招聘在提升中小企业雇主品牌形象、拓展中小企业招聘信息、减少招聘双方人岗匹配风险等方面的优势正好契合了招聘系统的复合、增益、生产、加工、减耗等生态加环理念。依据隐喻研究方法,我们可以借鉴生态加环原理对人力资源招聘流程加以优化再造来提高中小企业招聘系统的生产力和经济效益。

(一)依据复合环建立官方微博

复合环是具有多种效益的环节,比如通过稻田养鱼或养鸭可以达到除虫草、增肥松土、增产稻谷、多产鱼及鸭蛋的多重作用。因此,中小企业招聘中应建立有鲜明个性认知形象的官方微博,以便给应聘者粉丝留下深刻印象,使他们对通过这个企业微博账号发布招聘信息

保持密切关注进而形成对本企业微博的忠诚度。同时企业可以和应聘者更加深入、平等地进行对话，及时互动、问答，这种对话还可以以一种风趣、幽默的方式进行，企业有更多的机会将企业文化和企业特色在微博招聘这个平台中进行细节展现，让应聘者更真实体会到企业文化和企业特色。例如，欧莱雅专门开通了欧莱雅（中国）校园网站，并设置了发现欧莱雅、欧莱雅故事会、欧莱雅在校园、加入欧莱雅、欧莱雅在线几个模块，有力地宣传了企业形象。尤其是"欧莱雅校园博报营"值得中小企业社会化招聘借鉴，如其中一条暑期实习生招募微博是这样发布的："欧莱雅暑期实习驾驭复杂，快乐工作！在欧莱雅，我们尊重每个人的发展，包括实习生喔！"这样的说话方式充分展现了用人单位热情、平等的企业形象。

（二）依据增益环发动全员微博招聘

增益环是具有扩大生产效益的环节，比如通过利用猪粪（其中的营养成分形成高蛋白饲料）养无菌蝇蛆，再以之养猪增加了猪的产量，在这个食物链中无菌蝇蛆可视为增益环。企业注册官方微博账号后，需要一定时间的宣传来培养自己的粉丝，宣传可视为增加微博招聘效果的增益环。通过这个增益环发动全员微博招聘可以解决中小企业招聘人员不足的重要问题。具体的宣传方式有：一是内部宣传。企业高管带头写微博关注转发相关招聘信息，营造良好的微博招聘气氛，通过公司网站邮箱论坛海报等多种方式公布企业微博招聘账号鼓励公司员工加关注并传播，打造全员参与微博招聘的招聘新格局。譬如华为高管集体开通新浪微博，或转发招聘信息、或传播业务信息，与内部员工和外部各界人士沟通交流，提升了华为友善、开放和富有活力的企业形象。公司总裁任正非在一次内部会议上表示："在舆论面前，公司长期的做法就是一只把头埋在沙子里的鸵鸟，我可以做鸵鸟，但公司不能，公司要攻击前进，华为公司到这个时候要允许批评。"其次是外部宣传。在公司网站增加微博招聘链接，在进行其他方式招聘时宣传，在员工名片中增加企业微博地址。譬如格力利用名人效应宣传。如果企业微博能够得到名人宣传会迅速放大人气和提升关注度，从李开复（微博）到姚晨，从黄健翔到蔡康永，通过"围脖"发布任何信息，关注者们都会抢在第一时间留下"痕迹"，就是最好的证明。

（三）依据高效生产环进行微博讨论

高效生产环是具有转化效益的环节，比如蜜蜂通过提供花粉则可生产蜂蜜、黄蜡、蜂王浆和蜂胶等。因此，中小企业招聘可以通过在微博中发起讨论的方式征集更多关于工作岗位的任职资格说明，以完善岗位说明提高人力资源招聘的针对性。社会的巨大变迁以及企业所处的不同发展阶段，要求我们随之调整人力资源在动机、价值观、社会角色、知识和能力等方面的任职资格以及胜任力具体要求，以达到人—岗最佳的匹配状态。通过微博发起对招聘岗位任职资格的讨论，充分发挥网络群体的力量，使大众无偿地为组织提供有价值的信息。将收集到的信息整理分析形成有关职位最新的任职要求，再将招聘信息发布出去，极大地提高了招聘的针对性和实效性。如某猎头公司景素奇在自己的微博中写下了这个招聘信息："百万年薪聘知名大型百货连锁集团运营总经理：负责百货连锁集团全面运营管理；要求：本科以上学历，工商管理等相关专业。"这个招聘信息很快就有人关注、转发和评论，引起了本运营经理岗位专业、学历、工作年限、职业经历、个性品质等方面胜任力的讨论，不仅有助于细化岗位任职资格要求,而且可以有效帮助猎头公司客户寻访到合适的人才。

(四)依据减耗环审核微博履历

减耗环是具有减少耗损效益的环节。在食物链中,有的环节只是消耗者或破坏者,可称为"耗损环",对系统不利。为了减少耗损,除用药物处理外,还可以通过"减耗环"解决。鉴于此,中小企业招聘也可通过审核应聘者的微博履历来全面了解应聘者来降低员工的离职率,进而打破中小企业"招聘—离职—再招聘"的恶性循环。微博为用人单位和应聘者架起了一座"点对点"沟通的桥梁,拉近了用人单位与应聘者之间的距离,使企业能更全面、立体、生动地了解应聘者的情况,特别可以了解应聘者资源整合能力、人脉关系、第三方评价等,可以较准确地获知应聘者的职业能力、诚信度、职业操守等核心信息。这些信息都是传统招聘方式仅仅通过简历筛选、面试考核、心理测试等环节无法获得的。通过微博这个个性"活简历",应聘者也可以"直销自我",建立自己的"个人声誉",展示自己独特的经历、阅历、知识结构等以吸引潜在雇主。双方之间的充分互动将极大地提高招聘的效果,也为日后稳定的员工队伍打下坚实的基础。洛阳百润互联网信息服务公司招聘"微博营销达人",明确要求"真实粉丝量过3000的微博者优先,应聘者能深入了解各大微博、论坛、社区网站的特色,擅长以微博为平台的营销"。其实这些内容和要求,我们去查阅应聘者个人微博发布和转发的微博内容、关注对象以及粉丝,就能了解他是不是企业所需要的人才。

具体来讲,中小企业审核微博履历可依照以下设计进行(见表6-1)。

表 6-1　微博履历分析设计表

考核项目	考查主要指标	微博对应内容	注意事项	权重分配
职业能力	学习经历 社会实践经历 工作经历	微博个人基本资料、教育信息、工作信息	要求应聘者提供证件资料等证明	35%
职业素养	职业道德 敬业精神 团队合作态度	微博日志、关注、分享、转播、评论当中有多少和工作相关	要求招聘人员在众多信息中提炼	20%
人际关系处理	沟通能力 自我认知能力 自我控制能力	微博听众、收听、广播内容的数量及分布	不要涉及应聘者隐私问题	20%
资源整合能力	组织能力 协调能力 管理能力	对微博的利用情况、微博登录的时间分布	重点查看利用微博平台完成的事件	25%

（五）依据加工环整理微博档案

严格地说，产品加工环不属于生态链范畴，但与生态系统关系密切，能直接决定系统的功能。比如如果对农业系统输出中的生猪、原粮、毛菜就地加工再输出，既可以减少无效输出提高生物物质的回收率，又可以提高系统功能和增加经济效益，节约人力与费用。同样，依据加工环整理微博档案可以进行人才再选择与储备。对企业发布官方微博招聘信息后，应聘者和企业通过微博平台进行的访问和对话材料进行整理、记录和储存，可以减少招聘信息无效输出。同时中小企业对微博招聘的档案进行整理，既可以重新审核应聘人员对所应聘岗位是否合适，减少主观判断错误的几率，又可以换位思考，在企业目前空缺的岗位中查找有无适合的应聘者，若有，则进一步和应聘者沟通争取留住人才。即使现阶段没有和应聘者相匹配的工作岗位，我们也要整理好其微博档案，为企业以后的发展尽早储备人才，而不是毫无作为地将应聘者拒之门外。2011年,《华西都市报》招募实习生试行三部曲,即发布"微招聘"、接受"微简历"、安排"微面试"。其中,"微简历"是要求应聘者用140字把自己介绍清楚,让大家以一种新的思维方式来认识自己;"微面试"中的微博问答是应聘者与报社约定时间,与华西都市报互动新闻官方微博展开问答交流,可传递照片,方便同一时间段、一对多的交流。这些招聘面试活动的微博记录可以作为档案,不仅可以展现出成功应聘者的个人特征、风格、思想、品格等,而且可以为企业未来把没有成功应聘者作为储备人才奠定基础。

LinkedIn 社会化招聘网站创始人霍夫曼认为:"对人们来说,未来如何更加有效地利用自己的关系会越来越重要。如果一个人每两到三年换一次工作,就需要持续维护自己的社交网络来找到新的机会。在线交流恐怕是现在最容易维护社交网络的方式了。你不用一个一个打电话、找点话题跟对方硬套近乎,更不用买了礼品厚着脸皮登门拜访,只要利用线上的共享功能,就能假装不经意地与对方搭茬儿。"我们有理由相信,基于生态加环原理分析对微博时代社会化招聘流程进行优化设计必将给中小企业人力资源选择和储备带来更多的战略机遇和发展机会。

三、中小企业微信招聘策略设计

随着移动互联网时代的到来,网络社交工具已经渗透到社会生活、商业运营和企业管理等各个领域。微信招聘正是中小企业将移动互联网技术纳入到组织人力资源管理的有益尝试和实践探索,它是中小企业借助微信或者微信公众平台发布招聘信息，人力资源管理者在线与应聘者互动沟通，设置提问环节，进行人才筛选和管理的过程。移动技术与人力资源管理的有效结合所催生的微信招聘方式使得中小企业招聘更加移动化、精准化、社交化和灵活化，推动了人力资源招聘工作的效率和质量的提升。

（一）微信招聘的背景和内涵

伴随着互联网兴起的移动社交模式日新月异，微信作为移动社交平台的典型之作，正在悄然改变着人们的生活。根据易观的数据监测，微信作为移动互联网时代最核心入口级产品，在5.0.3版本发布之后，微信的用户数已经达到6亿人。随着移动终端价格的下降及Wi-Fi的广泛铺设，微信的移动网民呈现爆发趋势。尤其是4G牌照的发布，运营商在互相争夺用户市场的竞争中，肯定能促成移动网民增速到一个峰值。因此，在这一背景下，微信作为移动终端上的超级APP，凭借广泛的数据资源，为中小企业进行微信招聘提供了有效的信息平台和客户保障。

根据社会化招聘的不同层次及产品类型（表6-1），微信招聘可以界定为一种建立在移动互联网迅速发展的基础上，使用微信或微信平台作为招聘的渠道与工具，通过有计划、可管理、持续性的线上线下沟通，建立和强化企业与求职者关系，招聘录用组织所需要的各类人才，充实组织人力资源系统所需的新生力量，进而为实现企业内部人力资源的合理配置和可持续发展提供人力资源的一种新型社会化招聘方式。在微信招聘主导下的中小企业员工招聘活动更加富有移动化、社交化、灵活性和精准化的特征，通过微信公众平台能够有效地进行消息推送、企业品牌传播、实现客户资源的有效管理，这种方式不仅改变了中小企业人才招聘模式，而且极大地影响了中小企业的人才发展战略。

表 6-2 社会化招聘的不同层次及产品类型

层次	国外产品	国内产品
高端	LinkedIn 模式	天际、若邻、优士、Q 职等
大众	Monster 模式	前程无忧、智联招聘等
低端	Craigslist 模式	58 同城、赶集网等
微招聘	Twitter、LINE、mobolt，模式	微博、微信

（图表整理于网络资料）

（二）中小企业微信招聘的优劣势分析

1. 微信招聘的优势

一是多元化功能，利于寻找潜在求职者。微信凭借自身具备 LBS 地理位置定位功能催生了"查看附近的人"和"微信摇一摇"等产品。中小企业微信招聘就可以很好地利用"查看附近的人"这一技术，通过移动设备首先确定应聘者或者潜在员工所在的地理位置，然后提供各类招聘信息服务。利用"微信摇一摇"这种随机交友全新体验方式，中小企业便可以匹配到同一时段触发该功能的不同求职者，并可以通过微信与潜在求职者进行长效的互动交流，利用微信黏度极大提高招聘成功率。同时，微信还具有保留中小企业招聘工作流程与面试工作的文字与视频资料等功能，即使招聘结束亦可供高层管理者作为决策参考。

二是人性化服务，利于精准化招聘。微信招聘不仅是一种中小企业营销，更可以在社交网络上以一种有趣和可亲的姿态聚拢人气，宣传企业文化、产品品牌和企业形象。作为基于社交的一种新型招聘模式，微信招聘过程类似于朋友之间的简短对话交流，可以使招聘者和求职者更加快速地进行自由、轻松、无压力的信息反馈和互动交流，克服传统面试考官表情严肃冷峻让求职者心生畏惧和恐慌的紧张气氛，有利于建立双方的"亲密友好"关系。微信具备一般社交平台的共性，它能够根据不同用户的共同关注点从而产生一种"圈圈效应"，具有相似的兴趣爱好和职业特征的人往往不自觉间形成自己的交际圈。中小企业微信招聘者和求职者基于自己的社交圈子可以将招聘信息或公司微信平台信息分享给其他有意向的应聘者，有利于形成快速高效的信息分类，从而使微信招聘更具精准性。

三是个性化订阅，利于保护隐私。求职本来应该是一种非常私密的、个性化的事情，特别对于一些中高端的职业经理人才来说更是如此。微信招聘不仅在提供点对点交流方面满足了这一诉求，而且克服了许多传统招聘甚至是传统网络招聘的弊端。微信 APP 和中小企业微信公众平台，是一个能提供个性化信息定制服务的应用载体，避免了求职者接收繁杂、与目标需求不符的无用信息，同时自身的资料和私人信息也不易流入"圈子"以外，能够很好地保护求职者的信息安全，使个人信息不容易被曝光在众目之下。

四是全员招聘，高效率低成本。微信招聘打破了传统招聘时间固定和空间集中的约束，使招聘可以日常化、便捷化，中小企业的职能部门和招聘参与者更加具有交互性、平等性和灵活性。因此，微信招聘的出现使中小企业全员招聘有了可能，企业的股东、管理层、普通员工都可以通过企业微信平台关注招聘信息并作为招聘组织主体参与招聘决策，这也是企业增强凝聚力的有效方式。传统招聘中人力资源管理者难以发挥主动选择性，也难以对求职者的人数和资格进行按需控制，是一种较为被动的招聘方式，且招聘成本较高。中小企业传统撒网式招聘，不仅让广大求职者疲于奔命，也让企业苦不堪言，而且容易出现双向认知错误。微信招聘不仅可以使管理者依据人力资源规划推动招聘常态化,而且中小企业招聘信息的发布可以做到"零成本"避免了广告发布宣传资料制作的诸多费用,同时也节约了不少招聘过程中可能产生的人力资源成本。

2. 微信招聘的劣势

一是微信用户众多,招聘信息真假难辨。微信目前是个零门槛的媒介,任何个人或者企业都可以随意注册,因此微信圈里活跃各种知识水平的人,中小企业人力资源主管有时很难甄别出真正有求职需求的用户,特别是在求职高峰期间,用户信息的筛选需要花费很多的精力。同样对于求职者而言,虽有微信公众平台可以进行实名认证,但实名认证的方式也相当简单,只要订阅用户达到500人就能申请认证,目前没有规范、成熟的法律体系约束,不可避免地存在信息的"不可验证性"。因此在进行微信招聘的过程中,无论是用人单位还是求职者都应该仔细甄别发布信息的真实性和安全性,避免上当受骗。

二是用户娱乐保健需求刚性,关注求职信息行为被动。中国互联网行业最大的行业网站和舆论、社交阵地——速途网关于用户关注公众平台的原因调查显示,"在被调查的人群中有61.25%用户关注某公众平台看重的是休闲娱乐功能,如'精彩电影''微信搞笑排行榜'等,为了获取健康生活常识也是用户选择关注某公众平台的又一重要原因,占到了41.9%"。因此,微信用户使用微信主要为了满足社交的需求,更多的关注娱乐生活类的话题。微信用户通过微信关注招聘信息的习惯尚未形成,他们接受这一新的招聘形式需要一个过程。

三是微信招聘无法适用于所有岗位。由于微信招聘是通过文字沟通与语音沟通,其社交化特征明显,所以不能完整、准确地考核并选拔出最适宜的人选。通过微信招聘的双方,无法准确地把握到对方的外表特征、谈吐气质与心理素质，一些对职业形象和个体气质有特殊要求的岗位，威信面试效果比现场招聘要差一些。此外，通过微信招聘不利于企业了解应聘方一些细节性和深层性的东西，对于重大人选的招聘可能还需要企业安排应聘者再通过现场面试来圆满完成面试工作，确定候选人。

表 6-3　微信招聘的优势和劣势分析

项目	具体分析
优势	1. 多元化功能，利于寻找潜在求职者； 2. 人性化服务，利于精准化招聘； 3. 个性化订阅，利于保护隐私； 4. 全员招聘，高效率低成本。
劣势	1. 微信用户众多，招聘信息真假难辨； 2. 用户娱乐保健需求刚性，关注求职信息行为被动； 3. 微信招聘无法适用于所有岗位。

（三）中小企业进行微信招聘的策略设计

1. 转变招聘观念，推广微信招聘模式

员工招聘永远是中小企业人力资源主管要解决的重要任务，为了满足公司急需人才的需要，需要发布简历、参加招聘会，然后经过简历筛选过程，之后组织笔试、面试等环节，然而脱颖而出的应聘者在入职后很可能会在短时间内离职，以前的准备与努力全然成为徒劳。作为新型时尚的社交模式——微信招聘，终会成为招聘领域的一件新利器，它虽然无法完全取代原有的招聘模式，却因其具有多元化功能，利于寻找潜在求职者；人性化服务，利于精准化招聘；个性化订阅，利于保护隐私；全员招聘，高效率低成本等诸多优势，为原有的招聘模式提供了有益的补充，也在某种程度上变革了中小企业人力资

源传统招聘的实践模式。为了深入了解微信招聘的应用现状和发展态势，笔者通过电话和微信联系到社会化媒体招聘研究机构——与才策的合伙人欧阳泽林先生。

访谈1：在与欧阳泽林先生访谈中，他认为转变招聘观念，推广微信招聘模式是现代第三产业中的各类企业可以选择的有效招聘方式。目前部分IT类企业、服务型企业等组织机构通过微信招聘，取得了十分明显的效果。欧阳泽林透露说，IT企业A公司拥有微信公众平台粉丝数达百万以上，处于行业领先，这个庞大的粉丝链能够很好地满足企业的人力资源需求，另外一家IT企业B公司虽然微信公众平台粉丝量不足5000人，但在2014年年初该公司仍通过微信公众平台在现有的粉丝中成功招聘到12人。实践证明，微信招聘满足了中小企业将合适的信息在合适的时间推送到合适的人群这一理想化需求，并拓展了员工招聘的新型途径。因此，中小企业要想提高微信招聘的成功率，人力资源管理者必须树立微信招聘的社会化招聘理念，深入分析关注者的构成及行为特征，掌握微信招聘的有效方法。

2. 加强中小企业微信公众平台建设

微信公众平台在中小企业进行微信招聘过程中扮演着非常重要的角色，组织理念、招聘信息、人才需求层次、入职技能培训等信息都可以通过平台对外发布，并且能够实时接收到潜在应聘者的求职需求。中小企业在进行微信公众平台建设时，不仅要注重招聘服务模块的功能属性，从用户的角度进行界面优化设计，而且要注重内容的丰富性、更新的及时性和改进的持续性。

案例1：本人在研究过程中选取了徐工集团微信公众平台从界面优化和内容设计角度加以分析。该企业微信公众平台主界面上有三个一级菜单,分别是"校园招聘""社会招聘"和"旗下公司",每个一级菜单下面又设置了二级菜单。通过"校园招聘"下面的二级菜单直接链接到公司发布在智联招聘上的招聘信息,求职者可以通过手机微信终端提交简历,非常便捷迅速。从内容分析,点击进入该企业微信公众平台,在突出位置可以看到人才招聘版块,同时在微信公众平台上也展示了该公司的服务范围和企业理念,有利于宣传组织文化和服务品牌。传统的产品制造型企业由于所需人力资源的触网率不高导致其拥有微信招聘平台的企业较少,但是徐工集团在利用微信招聘这一社会化招聘模式方面是比较典型的案例,并且也形成了自己的雇主品牌效应。

通过案例分析,中小企业微信公众平台建设应该针对性地做好以下工作:一是优化界面的设置。立足企业文化,结合用户感觉(视觉、触觉、听觉等)和情感两个层次来优化界面设计,把人才招聘版块区分出来,在保证界面简洁性的同时增加其功能化和互动性的设计;同时改进微信导航版块功能。嵌入公司官网的可选插件是不错的选择,因为用户可以通过微信轻松进入中小企业官网,详细了解组织机构、产品信息、企业文化等信息;二是提高微信发布简历的便捷性。随着微时代的到来,人们的生活观念发生了巨大的变化,更加崇尚简洁生活和快捷服务。因此要充分考虑微信客户端支持的 iOS 版、Android 版、Windows Phone 版、诺基亚 S40 版还有网页版等终端特点,不仅要保障微信用户的上线率,而且确保用户随时随地利用自己的终端使用微信,能够及时发布和投递简历。三是开发求职者与招聘管理人员之间的互动社区。为了方便目标应聘者了解更多的信息,表达最真实的想法,中小企业可以基于人际交互理论创建互动社区平台,这不仅有利于保障企业适时发布招聘信息,而且有助于提高企业人才战略、企业形象等信息关注度。四是做好微信公共平台管理运营工作。一方面要为用户参与互动体验提供系统性的技术环境支持，给求职者提供持续性的服务以收获更多稳定的粉丝；另一方面优化微信公众平台运营工作，保证信息的交互能力，提高信息转化率，完善后台管理。

3. 注重隐私保护，重视圈圈效应

一方面，随着移动信息交互平台整合业务的范围越来越广泛和深入，用户的个人隐私信息保护问题将面临巨大的挑战。因此，中小企业应该优化微信招聘模式，更加注重保护所有用户的私密信息，谨慎转载用户的言论，这样才会使用户更敢于发表自己真实的需求和最真实的想法，这是培养用户忠诚度的重要举措。另一方面，中小企业在使用微信招聘模式时，要重视圈圈效应。在对粉丝关系数据、行为数据和意愿数据分析的基础上，利用好微信招聘发挥的圈圈效应，可以摒弃传统买简历的行为。同时，"结网"产生人气聚集，有利于节约中小企业人才招聘成本。欧阳泽林先生在访谈中提到，中小企业要提高微信招聘效率的关键举措就是提高粉丝数量，途径有内部推荐和外部拓展两种。内部推荐即发动积极参与的员工通过输出优质内容拓展外围的人才圈子，以保证粉丝数量的增加和质量的提高。这种模式既是圈圈效应的发挥，又是企业利用微信公众账号建立企业的CRM体系，避免信息发生不必要的传递和泄露的重要举措。

4. 优化微信招聘流程设计，注重人岗匹配

鉴于微信招聘的缺陷，中小企业必须优化招聘流程设计（图6-1），在微信公众平台的常规运营、招聘信息的撰写与发布、简历的搜集与筛选基本流程基础上，还应增加负面清单管理、微信线上互动交流、微信线下现场面试、胜任力评价、招聘评估等项目，确保人岗

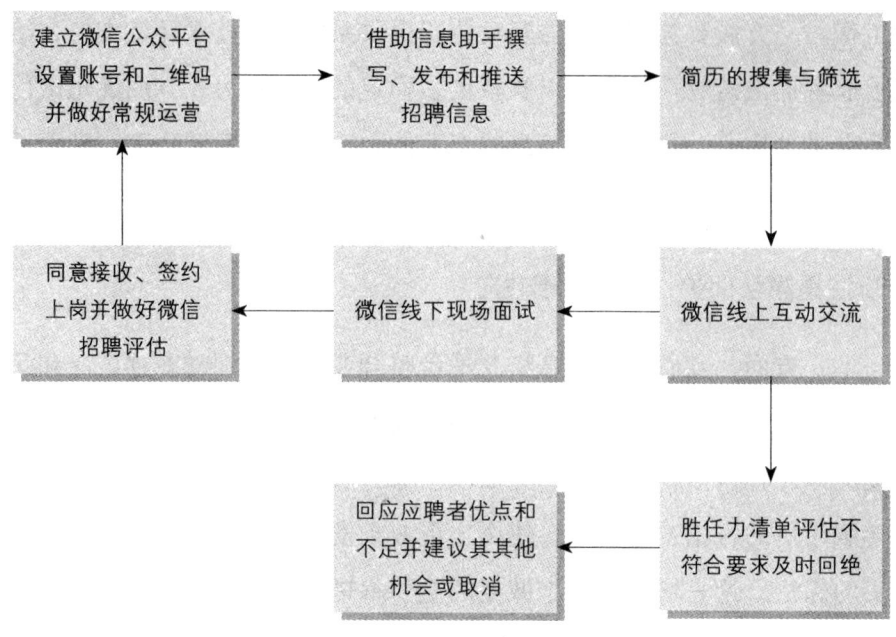

图 6-1 微信招聘流程优化设计

匹配成功率。针对微信招聘流程设计问题，笔者与江苏华亚集团人力资源总监侯体生先生进行了电话访谈。

访谈 2：侯体生先生提到成功的微信招聘，必须重点关注以下环节：一是善用负面清单管理。借鉴国际投资领域的负面清单管理模式，中小企业人力资源管理者可以在微信招聘中引入负面清单管理模式，在发布和推送招聘信息时明确规定哪些人员不允许申请该岗位，除此之外其他任何人都可以申请，这样在岗位准入方面更加公开透明，这对于鼓励、吸引应聘者、聚集招聘人气具有积极的正面作用。二是掌握线上互动交流技巧。进行简历筛选后，基于招聘职位的特点和对应聘者能力的要求设计题目进行互动问答，重点考察线上交流过程中应聘者的发言次数、交流内容、发言逻辑、观点正确度、回复及时度，同时增加假设式、连串式和压迫式提问环节，以全面考察应聘者的专业能力和综合素质。这样，在招聘双方互动过程中经过层层线上筛选，根据应聘者的特点在人才库中进行归类，选择性安排面试。三是细化线下面试胜任力评估标准。HR要设置一个岗位胜任力清单，根据通用能力、岗位能力和专有能力分类设计规划创新能力、信息使用能力、问题分析能力、执行能力、组织沟通能力、人际交往能力等可操作指标并明确权重，然后通过面试所搜集到的应聘者信息来评估应聘者与岗位是否契合。当应聘者实力相当时，需要对应聘者胜任力进行进一步考查，对那些通过短期培养就可以提升的能力可以放宽要求；那些需要长期培养才能提升能力的应聘者就要考虑招聘成本和收益。这样经过科学合理的筛选，就可以大大降低微信招聘双方人岗匹配风险。

5. 提高微信招聘的精细化服务质量

在当下中小企业特别注重战略人力资源管理的大背景下，招聘过程中"主动出击"成为时尚，更加注重精细化服务也将显得尤为重要。微信招聘中HR在与潜在应聘者互动过程中要在遵循中小企业人力资源规划基础上，关注不同应聘者的特殊诉求，并从不同层面设法满足。一是推出多种职位个性化订阅服务。建议中小企业微信招聘过程中根据应聘者的求职意向在固定的时间向潜在求职者推送中小企业的职位信息。这样个性化的订阅服务是拉近中小企业与求职者的距离，保证应聘者长期与中小企业相互联系的重要举措。

案例3：在联想的微信招聘过程中，设置的校园菜单增列了职位搜索、招聘流程、宣讲会查看和预约等功能，通过职位搜索获取职位信息后，可直接申请职位，手机填写简历完成职位投递。整个求职流程在微信内完成，"无断点"的求职流程减少了人才脱落，亦满足了求职者利用碎片时间进行手机求职的需求。因此，从这个意义上讲，联想微信招聘所推出微信公众平台就特别注意到了精细化服务，其中的两个功能——职位搜索和宣讲会查看和预约很好地满足了不同求职者的个性化需求，有力保障了中小企业能够有效遴选到合适的人才。

二是完善中小企业微信招聘的O2O服务模式。应聘者通过线下活动，获取微信账号或者二维码，通过自动注册借助线上微信二维码参与"企业管理大家谈"、Family Day、投票活动等招聘一般服务或者各类各种招聘增值服务，包括优先面试、交通补贴、免费食宿、消费优惠券等，以线上行为促成应聘者线下面试或者签约。这种服务模式，不仅可以有效提高中小企业口碑形象，而且可以快速人岗匹配。

总之，移动技术与人力资源管理的有效结合所催生的微信招聘方式，推动了中小企业人力资源招聘工作效率和质量的有效提升。微信招聘具有多元化功能，利于寻找潜在求职者；人性化服务，利于精准化招聘；个性化订阅，利于保护隐私；全员招聘，有高效率低成本等诸多优势，但也存在一些不足。本书根据中小企业人力资源管理实践，运用案例分析和深度访谈方法，基于微信招聘的优劣势分析，从转变招聘观念、建设微信公众平台、注重隐私保护、优化流程设计、提高服务质量等层面提出了中小企业微信招聘的具体策略。

第七章　中小企业新生代员工心理培训长效机制研究
——基于生态干扰理论的分析

胡锦涛同志多次强调，科学发展观是坚持以人为本，全面、协调、可持续的发展观。其中，统筹兼顾是科学发展观的根本方法，主要包括统筹区域发展、统筹城乡发展、统筹经济社会发展、统筹人和自然和谐发展、统筹国内发展与对外开放。统筹城乡经济社会发展是党中央、国务院落实科学发展观，着力解决城乡二元结构、破解农业、农村和农民"三农"难题的重大战略决策。而"农民工是城乡统筹最好的结合点，是城乡统筹最大的利益群体，也是实现城乡统筹最大的难点"[①]。2010年1月31日，国务院发布的中央一号文件《关于加大统筹城乡发展力度，进一步夯实农业农村发展基础的若干意见》中，首次使用了"新生代农民工"的提法，具体是指"1980年以后出生、年龄在16~30岁之间、20世纪90年代中后期外出务工、主

---

① 汪洋：《建设"一圈两翼"渝东北片区专题会议总结讲话》，《重庆日报》，2007年6月23日。

要从事第二、第三产业劳动,但户籍身份是农民的劳动者"[①],目前已经超过1亿人。为了全面和准确地掌握新生代农民工的状况,国家统计局在常规的农民工监测调查的基础上,2010年在10个省进行了新生代农民工专项调查,其中,涉及心理健康的问题和结论主要有:感觉"工作压力很大"和"工作压力较大"的新生代员工的比例分别占到7.2%和28.1%,这说明超过1/3的新生代员工感到有较大的工作压力。当然这种压力不仅包括身体方面的压力,也包括心理方面的压力。在选择生活的参照系时,新生代员工明显地更倾向于与城里人相比较,这一比例占了23.4%,这说明当新生代员工感受到与城市人群生活和地位有差距时,逆反心理和苦闷情绪会更加强烈。感到"很不幸福"和"不太幸福"的新生代员工的比例达到3.2%和7.7%,这说明新生代员工的心理疏导和精神健康问题需要引起企业和相关政府部门足够的重视。[②] 值得欣慰的是,近年来我国在全国范围内开展了农民工健康关爱工程项目试点,特别要求项目地区80%以上农民工要接受提高心理适应力培训,并取得了可喜的成效。但是面对复杂的外部生态环境和内部个体差异,新生代员工心理培训是一项全面、系统和长期的重大战略工程,单独的、权宜的、一次性的心理培训无法从根本上解决新生代员工心理健康问题,因此,构建新生代员工心理培训长效机制,提高其针对性和实效性迫在眉睫。

---

① 罗恩立:《新生代农民工就业能力问题初探:一个分析的框架》,《经济问题探索》,2010年第3期。

② 本部分问题、数据和相关结论引用和参考了国家统计局住户调查办公室:《新生代农民工数量、结构和特点》,http://www.stats.gov.cn/tjfx/fxbg/t20110310_402710032.htm,2011-03-10,特此说明并致以谢意。

一、基于生态干扰理论的新生代员工心理问题的形成机理分析

生态干扰指"群落外部不连续存在，间断发生因子的突然作用或连续存在因子的超正常范围波动，这种作用或波动能引起有机体或种群或群落发生全部或部分明显变化，使生态系统的结构和功能发生位移"[①]。而新生代员工作为组织生态系统中的重要组成部分，其心理发展必然时刻都受到各种自然干扰与人为干扰、内部干扰与外部干扰的影响，产生各种心理反应和心理健康问题。总之，借鉴生态干扰学的基本理论和方法来研究本主题，将有助于全面揭示新生代员工心理问题的形成机理，同时为我们建立和完善新生代员工心理培训长效机制提供新的视野和新的方法。

（一）个体生态的干扰

个人作为组织生态系统的基本细胞，新生代员工个体特质干扰对于心理状况的影响是极大的。众所周知，新生代员工年龄大多在16—35岁之间，正处在交友、恋爱、结婚、生子的黄金时期，个人情感和社会需求十分强烈，但是现实的个人家庭背景、经济基础和文化水平与城市居民形成了强烈的反差，新生代员工进城之后的交友受阻、婚恋受挫和情感缺失成为困扰他们的首要心理问题。当他们情感诉求和社交需要得不到有效满足时，就会处于婚姻忧虑、生活无奈和

---

① 周道玮、钟秀丽：《干扰生态理论的基本概念和扰动生态学理论框架》，《东北师范大学学报》（自然科学版），1996年第1期。

前途迷茫的心境中。加之他们适应能力较弱，久而久之可能就会产生情感抑郁、生活纠结和孤独空寂的心理问题，进而产生其他社会问题。总之，产生的根源上来看，个体生态的干扰是形成新生代员工心理问题最主要的主观因素。

（二）组织生态的干扰

在组织生态系统中，组织生态的干扰也是产生新生代员工心理问题的重要原因。一方面，随着政治民主化进程的加快，新生代员工权利意识增强、法治意识不断增强，但是个别单位擅自违背人力资源保护法律，非法侵占新生代员工利益的问题仍然存在。在社会支持网络资源力量对比不平衡的情势下，弱势地位的新生代员工往往是利益的受损者，强烈的权利欲望得不到有效实现，在如此重重"重压"之下，必然会催生新生代员工无奈、挫折和逃避等心理问题。另一方面，新生代员工自我发展意识增强，但是组织制度生态环境不协调使得怀有大志的新生代员工在组织中得不到有效提拔和科学晋升，处于组织的最基层，强烈的现实反差使之心理扭曲的消极表现日益增多。此外，新生代员工大多独自外出，缺少家庭关怀，来自四面八方，大家熟悉而陌生，业余文化贫乏，缺少人文关怀，使得新生代员工孤独、寂寞、失衡和焦虑等心理问题不断增加。

（三）职业生态的干扰

中华全国总工会发布的《2010年企业新生代员工状况调查及对策建议》显示，从行业分布来看，73.9%的新生代员工集中在制造业，工作条件有所改善。但是不可否认的是，面对物价不断上涨的事实，集中在制造业领域的新生代员工职业收入水平仍然比较低,在社会中的经济地位不高,个人职业价值没有能够很好地实现;大多新生代员工职业被定位在产业工人的社会角色,工作任务重、劳动条件差、劳动强度大、技术含量低,在当今社会价值衡量标准体系下,大多新生代员工职业声望比较低,职业尊重程度不高。结果,职业生态环境的不断恶化使得不少新生代员工产生了自卑、封闭和孤僻心理,其他社会心理问题也由此而生。

(四)社会生态的干扰

在城乡二元结构的现实背景下,一方面,"农民工由于先赋身份的局限,在城市遭到了各方面的排斥而趋边缘化状态,又由于长时间脱离农村社会,他们已不再是真正意义上的农民。可以说,当前城市农民工群体是存在于市民和农民之间的一个'第三阶层',是一种双重边缘人"①。结果,被城市和农村双重边缘化的新生代员工对自己身份的认知更加模糊和不确定,导致自我内心矛盾和焦虑不安的心理问题不断产生。另一方面,新生代员工在市民化的过程中,农村户籍决定了他们在住房、就业、医疗、教育等方面无法享受城市居民的权利和待遇,居无定所、就业不公、医疗得不到保障、子女入学难等一系列问题仍然存在,这条难以逾越的鸿沟导致的不平等很容易使新生代员工产生被排斥、边缘化、悲观、失望、仇视等心理情绪。

---

① 季孝龙:《"双重边缘人"——城市农民工的身份研究》,《西安外事学院学报》,2008 年第 1 期。

二、建立健全新生代员工心理培训长效机制的对策和建议

新生代员工心理问题形成的生态机理表明,解决新生代员工面临的种种心理问题,不是单纯靠一两次心理适应力培训就可以完成的,它本身是一个系统工程,需要政府、企业、高校、社会等主体从多个方面进行努力与参与。借鉴生态干扰理论,我们可以从心理干扰预测、生态环境优化、提高个人抗干扰能力等方面采取有效措施预防和建立健全新生代员工心理培训长效机制。

(一)实施新生代员工心理干扰预测

新生代员工心理干扰预测就是对各项心理健康指标进行历时和共时比较,科学、准确、全面地掌握新生代员工心理问题产生的原因及变化情况,"并确定何种干扰是消极的,何种干扰是积极的;清楚了解消极干扰的规律、强度、性质、范围、后果以及关键干扰过程、干扰前兆及其发生时的影响范围和程度"[①]的事先测定与推估研究工作。心理干扰预测可以在新生代农民产生心理问题之前就能预见和确定干扰因素并采取有效措施防范,这是建立健全新生代员工心理培训长效机制的前提和基础。因此,新生代员工心理干扰预测一方面要建立新生代员工心理评估机制,即通过调查法、观察法、实验法等描述他们的心理健康状况,全面地对心理健康指标进行评估,为新生代员工心理培训提供依据。另一方面要加强新生代员工心理干扰预警机制,即

---

① 田书芹:《员工沉默的形成机理与应对之策》,《中国人力资源开发》,2009年第6期。

通过心理监控及时、灵敏、准确地发现新生代员工心理问题前兆,并健全心理预警机构、预警制度、预警网络等系统,从而有效防范和及时处理新生代员工心理问题。

(二)优化新生代员工心理培训生态环境

目前,新生代员工心理培训大多局限于特定组织范围内,或只针对某些个体的利益而设计,但在实践中随着社会经济的不断发展,新生代员工心理培训成为政府、社会、企业和高校主体共同的责任。因此,就政府层面来说,在当前中央高度重视"三农"问题的现实背景下,应该从政治、立法、司法和执法四个方面完善新生代员工心理培训法律保障机制[1],切实解决好新生代员工心理培训的法律政策保障和执法监督问题,让新生代员工心理培训有法可依、有法必依、执法必严。从社会层面来说,"要充分发挥舆论的教育引导作用,引导全社会都要以公平、公正、友善、互爱的姿态来接纳和对待新生代员工,使其尽快融入城市生活,形成和谐的人际关系"[2],从社会根源方面消除新生代员工心理问题产生的土壤。从企业层面来讲,高层管理者要不断提高思想道德素质,关爱新生代员工,切实解决好他们在经济生活、个人权利、职业发展中的困难;同时设立专门的心理咨询机构和心理培训机构,开展新生代员工心理辅导援助计划和培训计划,加强管理者与新生代民工的联系与沟通,切实满足他们不同层次的心理诉求。从高校层面来讲,各类高等院校可以利用自身心理培训资源组建

---

[1] 张纬武、王东强:《新生代农民工培训的法律保障机制探析》,《职业技术教育》,2011年第34期。

[2] 杨清扬:《解决民工心理问题,不仅是心理培训》,南海网,http://www.hinews.cn,2010年9月7日。

农民工学院,根据企业需求,量身定做新生代员工心理培训课程,积极开展心理适应力培训及心理素质提升培训;可以为新生代员工培训机构提供优秀心理学师资,为统筹城乡发展提供心理培训咨询建议。总之,只要政府、社会、企业和高校各个主体共同参与心理培训,优化新生代员工心理培训生态环境,必将对建立健全新生代员工心理培训长效机制,更好地为统筹城乡发展服务做出更大的贡献。

(三)加强新生代员工心理抗干扰能力培训

首先,重新厘定新生代员工心理抗干扰能力培训内容。主要包括克服个体、组织、职业和社会等方面的人为干扰的特殊品质;不断通过自我调整以提高自身适应外界环境变化的能力;时刻保持警觉学会挑战自我、超越自我、欢迎干扰、勇于变革和创新的进化能力等。其次,创新新生代员工心理抗干扰能力培训方式。借鉴国内外心理训练领域的主要研究成果,要根据不同企业特点和新生代员工心理特点,有针对性地选择心理暗示法、游戏训练法、拓展训练法、头脑风暴法、角色模拟法、心理剧技术[①]等心理培训方法,以此提高新生代员工心理抗干扰培训的针对性和实效性。再者,完善新生代员工心理抗干扰能力培训效果评估体系。要衡量新生代员工心理抗干扰能力培训预期目标与实际效果之间的张力关系,确定抗干扰能力培训的实效性。我们认为应该从结果评价、过程评价、跟踪评价等角度完善新生代员工心理抗干扰能力培训效果质化评价机制。

当然,要真正解决新生代员工心理培训问题并形成可持续发展的长效机制,还必须深入推进城乡二元制度改革,尤其是户籍制度、教

---

① 彭移风:《企业如何开展心理培训》,《中国人力资源开发》,2007年第4期。

育制度、文化制度、住房制度、就业制度、医疗制度等方面的改革，实现城乡公共服务均等化，从制度上根本消除对新生代员工的多层面歧视和不公平政策。

第八章　中小企业绩效考核机制分析
——基于生态协同原理的分析

绩效考核是组织管理的一柄"双刃剑",用得好,能最大限度地激发员工的热情,挖掘员工的潜力;反之,则内部员工容易产生不公平感和冲突,甚至影响组织的长远发展。目前的绩效考核只是在工作结束后对工作效果进行评估,属于一种典型的事后考核,过于注重结果。虽然这种事后考核可以评价工作项目的效果,有助于在今后的考核中完善考核项目,或预测考核项目的前景,但是,由于绩效考核是在工作结束后的评估,没有将考核贯穿于考核的整个过程,即没有在工作因素分析、考核设计、实施的环节进行即时评估,因而,无法即时发现当前考核中所存在的不足,当然,也就不能根据考核中的不足,立即采取有效措施对当前考核进行修正。这样,以结果论英雄的绩效考核,看问题是看"点",它既不看"线",也不看"面",存在诸多片面性,隐藏了不少矛盾和问题,经常产生绩效考核的结果和过程的严重冲突,使绩效考核背离组织初衷,甚至员工谈之色变。因此,现行绩效考核改革的任务应该是,基于生态学的协同进化理论将考核贯穿于考核始终的理念引入到我国绩效考核建设中,构建一种新型绩效考核机制和制度。

一、生态协同进化原理和中小企业绩效考核困境分析

(一) 生态协同理论

一个物种的进化必然会改变作用于其他生物的选择压力,引起其他生物区发生变化,这些变化反过来又会引起相关物种的进一步变化,这种相互适应、相互作用的共同进化的关系即为协同进化 (coevolution)。捕食者和猎物之间的相互作用可能是这种协同进化的最好实例。捕食对于捕食者和猎物都是一种强有力的选择力,捕食者为了生存必须获得捕猎的成功,而猎物为了生存则获得逃避捕食的能力。在捕食者的压力下,猎物必须靠增强隐蔽性、提高感官的敏锐和疾跑来减少被捕食的风险。所以,瞪羚为了不成为猎豹的猎物就会跑得越来越快,但瞪羚提高了奔跑速度反过来又成了作用于猎豹的一种选择压力,促使猎豹也增加奔跑速度。捕食者或猎物的每一点进步都会作为一种选择压力促进对方发生变化,即协同进化。昆虫与植物之间的相互作用同捕食者与猎物之间的相互作用是非常相似的。植食性昆虫可给食料植物造成严重的损害,这对植物来说可能是一个最大的选择压力。作为对这种压力做出的反应,植物会发展自身的防卫能力。对于在演替早期阶段定居的一年生植物来说,主要依靠植物体小、分散分布和短命来逃避取食。对长命植物来说,由于容易受到昆虫攻击,必须发展其他的防卫方法。很多植物靠物理防卫阻止具有刺吸式口器昆虫的攻击,如表皮加厚变得坚韧、多毛和布满棘刺等,还有一些植物则发展了化学防卫。

互利共生指两个生物种群生活在一起,相互依赖,互相得益。共生的结果使得两个种群都发展得更好,互利共生常出现在生活需要极

不相同的生物之间。如异养生物完全依赖自养生物获得食物，而自养生物又依赖异养生物得到矿质营养或生命需要的其他物质。两种生物的互利共生，有的是兼性的，即一种从另一种获得好处，但并未达到离开对方不能生存的地步；另一些是专性的，专性的互利共生也可分单方专性和双方专性。生物界的互利共生具有各种各样的表现，如裂唇鱼专吃一些鱼类（加笛鳃）口腔和鳃部的寄生物，起着清洁工的作用，而笛鳃则成为清洁站的"顾客"。

（二）中小企业绩效考核和生物协同进化的共通性

目前，面对绩效考核结果和过程的冲突困境，根本原因就是没有将考核贯穿于绩效考核的全过程。因为工作因素分析考核、设计考核、实施过程考核和实施后考核等几个环节不是孤立的，而是相互联系、相互制约、相互作用的，归根结底各个系统因子是协同进化和互利共生的关系。这个共通性结论给缓和绩效考核结果和过程的冲突提供了可以借鉴的理论。现行绩效考核改革的任务应该是，基于生态学的协同进化理论将考核贯穿于考核始终的理念引入我国绩效考核建设中，构建一种新型绩效考核机制和制度。

二、基于生态协同原理的中小企业绩效考核策略分析

既然绩效考核面临着结果和过程的严重冲突，那么怎样缓和呢？生态学上的协同进化理论和近年来在西方国家普遍采用的关于培训和评估工作规则与管理的"培训圈"实践给了我们一个独特的视角。基

于此，我们提出针对过程导向的"考核圈"模式，以此作为缓和绩效考核结果和过程冲突的通路。所谓"考核圈"实质是指一个考核循环，它包括工作因素分析考核、设计考核、实施过程考核和实施后考核等几个主要环节。在这个"考核圈"中，各个环节紧密联系，环环相扣，缺一不可。实施后考核既是一轮"考核圈"的结点，又是新一轮"考核圈"的始点，如此考核形成一种螺旋式上升趋向，步步推进。

（一）"岗位"考核

在这个"考核圈"环节上，要重点解决"考核什么"的问题。绩效考核的依据是标准，而标准的设定依据是岗位分析，这是整个绩效考核过程的起点，也是最首要的环节，即员工的绩效评价指标有哪些，绩效目标是多少，各项指标的权重有多大，评价期有多长。因此要在对岗位进行分析的基础上制定职位说明书，因为绩效考核的许多信息和数据都是从员工的职位描述得来的。然后确定根据组织的组织结构需要设多少岗位，每个岗位在一定时期内的工作职责是哪些，完成这些职责需要什么样的知识和能力等等，必须针对每一个岗位工作进行反复的考核分析。这也是整个绩效考核工作的基础。

（二）"指标"考核

在这个"考核圈"环节上，要重点解决"对照什么"的问题。许多岗位特别是管理技术岗位一直是我们考核工作的难点，因为管理技术人员的工作与生产工人、操作人员相比更复杂更具有创造性，在考核实施中有一定的难度。但管理技术岗位上的员工也确实需要得到科学、有效的岗位分析，确认每个岗位和人员的绩效考核指标，是确保绩效考核成功的关键。因此，要通过德尔菲法、头脑风暴等方法，对考核指标进行调查了解，结合实际，对照指标，反复考核。以此为前提，根据不同的工作岗位、不同的职责，决定考核指标也理应有所不同。

（三）"指导"考核

在这个"考核圈"环节中要重点解决"考核时效"的问题。"指导"考核，是指管理人员在整个时间周期都要对员工从绩效计划的制订、指标体系分解设置、考核沟通和结果反馈等全过程的考察与指导。目的是通过对下属绩效完成情况的不断跟踪，及时提供建议性的反馈，或纠正不良的工作方法来提高绩效。这样可以避免到年底结束时才知道下属人员完不成计划的绩效指标或工作目标所带来的负面影响。所以"指导"考核是提供鼓励、方向、指示来帮助下属人员完成绩效指标或设定的工作目标，对于这一环节，许多组织怕烦琐而往往不愿意认真执行，是造成目前重结果忽视过程或者形成二者冲突的关键因素。所以根据"考核圈"模式，有必要加强绩效"指导"或者说管理控制方面的考核，设立全程指导的机制和制度。

（四）"激励"考核

在这个"考核圈"环节中要重点解决"如何有效激励"的问题。记录和跟踪是绩效考核中考察员工工作行为和工作态度的重要手段，更是激励员工提高自身能力和实现组织目标的有力工具。管理者和员工都需要花大量时间记录工作表现，并尽量做到图表化、例行化和信息化。一方面为各个考核环节提供依据，促进指导及反馈的科学化，避免"拍脑袋"的绩效考核;另一方面,绩效表现记录本身对工作是一种有力的推动,确保员工实现绩效目标,增强员工改进和提高的能力。

(五)"反馈"考核

在这个"考核圈"环节中要重点解决"到底为什么考核"的问题。绩效考核并不是以得出绩效考核结果为主要目的,而应将提高员工的绩效作为最高目标。只有通过绩效反馈,才能够达到在让员工了解自己的绩效状况的同时,将管理者的期望传递给员工的目的。组织应该通过科学的方法找出员工工作绩效不佳的原因,如果绩效低下的原因是组织问题,则需要采取相应的管理措施加以解决;如果原因是员工存在知识、技能或态度上的不足,那么可以诉诸正式或非正式的辅导。无论采取何种方式,评估后的反馈处于绩效考核的中心位置,是开发人力资源的关键所在。

(六)"救济"考核

在这个"考核圈"环节中要重点解决"有没有设置员工权利补救机制"的问题。考核完毕,被考核员工可能对考核结果不满;也可能在考核过程中,被考核者认为考核者对考核标准运用不当、有失偏颇。因此,组织是否设立考核救济程序,关系到从制度上促进绩效考核工作的合理化。在处理考核申诉时,要注意尊重相关申诉人。同时,如果是考核体系方面的问题,则必须对被考核者提出的问题加以重视,并着手提出绩效考核修正方案,以此作为新一轮"考核圈"的始点。

三、中小企业人力资源管理者协作的生态性评价

要考察中小企业人力资源管理者有效衔接和良性互动的预期目的与效果之间的张力关系、测定结果对于目的是否实现及其实现程度,必须对中小企业人力资源管理者协作实效性进行生态性评价,这样才能对中小企业人力资源管理生态系统的整体运行有比较全面和科学的认识。

(一)生态性评价问题的引入

当前,中小企业人力资源管理实效性评价存在"评价定位有失偏颇、评价认知亟待提高、评价目标指向狭窄、评价标准参差不齐、评价方式方法单一、评价过程缺乏针对性、评价机制不够健全,评价体系框架有待完善"等问题。尤为突出的问题表现在,中小企业人力资源管理者协作实效性评价机制大都把结果评估作为重点,未对中小企业人力资源管理者的衔接和互动进行过程分析,影响了评价的真实性和客观性。而中小企业人力资源管理者协作实效性评价是一个系统性、全面性、整体性的生态工程。因此有必要引入生态性评价。实际上,中小企业人力资源管理者协作实效性生态评价就是要借助生态学的整体、平衡、系统、层次、联系、动态等核心理念,以主体工作目标设计和关键绩效指标载体,运用绩效评价的相关技术和方法,通过绩效计划、绩效沟通、绩效评价、绩效诊断、绩效改进等过程,实现对中小企业人力资源管理者协作工作的绩效衡量,从而调动主体积极性,实现中小企业最终目标的管理体系。

中小企业人力资源管理者协作实效性评价应因地制宜,针对中小

企业人力资源管理者,力求在满足具体性、可衡量性、现实性、可实现性、限时性和灵活性原则基础上,对中小企业人力资源管理者协作实效性进行生态性评价。本部分针对中小企业人力资源管理者系统协作实效性问题,从生态性评价的角度为中小企业人力资源管理者有效衔接和良性互动提供可资借鉴的考核机制。

(二)生态性评价的价值

生态性评价就是依据生态学原理,运用生态学方法,合理设计中小企业人力资源管理者协作实效性指标体系和评价标准,对不同中小企业人力资源管理者运行质量以及中小企业人力资源管理者整个系统的生态环境状况、生态效应质量的优劣及其影响作用关系的综合评价。究其本质特征而言,中小企业人力资源管理者协作实效性生态性评价是全方位、全员和全过程系统性评价。其生态价值主要体现在:一是全方位性。协作实效性生态性评价反映中小企业人力资源管理者运作的各个方面,内容相对全面,不仅涉及员工世界观、人生观、价值观变化情况、全面发展情况等方面的评价,还涉及结果评价、过程评价、跟踪评价,更能全面系统地评价中小企业人力资源管理者有效衔接和良性互动的整体实效性。二是全员性。不仅涉及工商行政、税务等纵向主体,还涉及营销管理者、生产管理者、财务管理者等横向主体,这种评价方式更能满足不同中小企业人力资源管理者自身结构功能分析的实际要求。三是全过程性。中小企业人力资源管理者协作实效性生态性评价,不仅包括协作价值理念、协作制度、协作机构、协作经费等管理层面的评价,而且包括协作目标、协作方式、协作效果等流程设计层面的评价,这更加符合以人为本的工作理念和具体思路,对完善中小企业人力资源管理者协作评价体系具有重要的现实意义。

(三)生态性评价机制的构建

生态学视角为中小企业人力资源管理者有效衔接和良性互动提供了可供参考的结果评价、过程评价、主体跟踪评价等生态性评价机制,主要包括如下方面。

1. 结果评价机制

中小企业人力资源管理者协作实效性的结果评价就是通过一系列可以观测到的信息、资料、数据对主体之间有效衔接和良性互动情况进行评价,主要包括中小企业员工在世界观、人生观、价值观等方面的变化情况、拥护和执行党的政策、方针、路线的基本政治素质的提高情况、员工全面发展情况等方面的考评。结果评价机制可以通过掌握相应的工作记录、文字材料、问卷调查、信息统计等方法,对中小企业人力资源管理者协作实效性进行考核。

2. 过程评价机制

根据生态学的基本思想,中小企业人力资源管理者本身可以视为一个生态系统,因此其有效衔接和良性互动的实效性生态评价应该渗透生态学关系和导向理念,把相关的管理规范和协作流程纳入其中予以考量。因此,第一,从中小企业人力资源管理者管理方面分析,过程评价机制包括主体协作价值理念的评价机制,即横向主体的互动理念和纵向主体衔接理念的评价机制,如中小企业人力资源管理工作定位是否有全员、全过程、全方位育人的明确思路;协作制度评价机制,包括制度设计、运行和修订等方面的有关评价机制。第二,从主体协作流程设计分析看,过程评价机制包括中小企业人力资源管理者协作目标的有效评价机制,如目标定位机制、目标导向机制、目标激励机制等；协作方式的有效评价机制研究，如教学互动机制、科研合作机制、实践参与机制、生态型学习机制，等等。①

3. 主体跟踪评价机制

生态学整体和系统的思维启示我们，中小企业人力资源管理者跟踪评价机制的设计，应充分关注不同中小企业人力资源管理者在育人理念、综合素质、业务技能、工作能力和工作绩效等方面的实效性。对于主体跟踪评价机制的有效方法，可以"听、查、看、访、评"的形式进行：听，即听取中小企业人力资源管理在协作方面的实际效果以及比较突出的工作业绩等内容；查，查阅文件材料及电子文档。重点查阅不同的中小企业人力资源管理者的工作记录和工作文字材料，进行可追溯性判断。看，现场实地察看协作机构办公设施、实际运行情况，检查各项工作的真实性。访，听取中小企业人力资源管理者的意见和建议，了解不同中小企业人力资源管理者在思想、道德、业务技能、心理素质、工作绩效等方面是否得到提升的评价。评，通过设计管理者、员工相关方等综合问卷，对不同中小企业人力资源管理者进行满意度测评，进行事实判断。

（四）主体协作的 AQI 评价

针对本书提出的结果评价、过程评价、主体跟踪评价等生态性评价机制，借鉴生态环境监测中的空气质量指数，即 AQI，我们也可以对中小企业人力资源管理者协作实效性问题，构建描述协作质量状况

---

① 王东强、兰觉明：《论农村中小学教师置换脱产培训实效性质化评价机制》，《继续教育研究》，2011年第9期。

的指数。中小企业人力资源管理者协作实效性 AQI 评价过程可以分为如下步骤：一是要对中小企业人力资源管理衔接效果和互动效果进行区分，分别进行中小企业人力资源管理者协作实效性测评。二是通过问卷调查、资料查阅、实地走访等方式分析和选择影响中小企业人力资源管理者协作实效性的关键环节和核心要素，确定首要的 AQI。三是对照上述确定的 AQI，科学设计中小企业人力资源管理者协作质量级别（如优秀、良好、合格、不合格等）及表征颜色（绿色、黄色、橙色、红色等），合理分析影响作用并设定针对性的工作建议和可操作性的具体措施等。AQI 级别越高、表征颜色越深，说明中小企业人力资源管理者协作质量越不好，对中小企业人力资源管理工作效果负面影响也就越大，采取的举措也就更为紧急和必要。

第九章 中小企业老年人力资源薪酬管理机制探讨
——基于生态位原理的分析

一、生态位原理及其在薪酬管理制度方面应用分析

(一)生态位原理

第一个使用生态位(niche)一词并给它下定义的人是英国生物学家格林内尔(J. Grinnell,1917),他把生态位看成生物在群落中所处位置和所发挥的功能作用。他认为,生态位实质上是一个行为单位。哈欧森(Hutchinson,1958)对生态位提出了更实用的定义,他认为生态位是每种生物对环境变量(温度、湿度、营养等)的选择范围,因为环境变量是多维的,称为超体积。著名生态学家奥杜姆(E. P. Odum,1959)把生态位定义为一个生物在群落和生态系统中的位置和状况,而这种位置和状况则决定于该生物的形态适应、生理反应和特有的行为(包括本能行为和学习行为)。皮安卡(Pianka,1983)

认为，一个生物单位的生态位（包括个体、种群或物种生态位）就是该生物单位适应性的总和。综上所述，我们认为，生态位是在特定生态系统（或种群）中与环境相互作用的过程中，物种在生物群落中的地位和角色，以及生物种群在生态系统中的空间位置、功能和作用。

生态位概念自提出以来，其理论得到不断发展和深化。[①] 其中，生态位宽度理论、生态位重叠理论和生态位的扩充与压缩是生态位理论中最基本的理论。在生态学中，生态位宽度是指某一种群（或其他生物单位）在一个群落中所利用的各种不同资源的总和。一般而言，要素的生态位宽度的值越大，生物对其利用度也就越高，各个要素的生态位宽度的叠加值越大，生物在周围环境的适合度也就越高，发展的生态空间也就越大，其发展速度也就越快。生态位重叠（niche overlap）主要研究生物群落中不同物种之间的协调共存、竞争排斥和限制相似性（limiting similarity）。生态位的扩充与压缩是指某一物种生态位的扩充就是对另一物种生态位的入侵，导致某生态元在竞争中被淘汰而释放出所占有的资源空间，同时优势物种的生态位得到扩充；当新的物种进入，竞争变得更加激烈时，原物种就会被迫限制和压缩它们对生态位空间的利用，这种竞争所导致的是生境压缩，而不会引起物种所利用资源的改变，这种情况就称之为生态位压缩。

（二）生态位原理在薪酬管理制度方面的应用分析

生态位表明在生态系统中，每一个生物个体或者种群都有特定的时间位置、空间位置和功能地位。不同层次的管理人员、不同年龄阶段的员工在企业人力资源群体中占有各自的空间，在群落中具有各

---

① 尚玉昌：《普通生态学》，北京大学出版社，2002年版。

自的功能和位置，发挥着不同的作用。因此，在设计薪酬制度时，要针对不同员工的需求，增加不同的金钱、安全、社会地位、人际关系、成才空间等激励成分，进而提高薪酬的激励力。因此，在中小企业人力资源薪酬管理中，每一类群体的薪酬管理都有独特的生态位。不同的薪酬制度都需要寻求良好的生态位，因为它的适用条件是特定的——特定的群体、特定的薪酬管理原则、特定的薪酬比例设计、特定的配合机制。如果脱离这些具体的条件，薪酬管理生态子系统就可能遭受破坏或崩溃，导致所需资源的浪费和群体行为的改变，无法起到真正的激励作用。因此，每一类群体在整个薪酬管理生态子系统中都必须找到一个最适宜其特点的薪酬制度，即生态位。

随着预期寿命的不断延长，这类群体积累了丰富的知识和技术技能，拥有广博的人脉网络资源，具备深厚的人力资本潜力，职业选择的自主性很强，在经济社会发展中发挥着不可替代的作用。因此，目前很多中小企业逐渐开始重视在职老年人力资源管理和退休老年人力资源开发工作，这不仅有效发挥了老年人力资源的潜能，而且较好地推动了中小企业在某些关键领域的可持续发展。但由于与一般中青年人力资源不同，老年人力资源存在很多方面的特殊性，同时缺乏比较完善的薪酬支付法律法规，其薪酬支付方式问题一直是困扰中小企业人力资源管理者的难点。反观传统薪酬支付方式，无论是有限计件和无限计件、累进计件和超额计件、提成计件和包工计件，还是个人计件和集体计件的计件薪酬形式，都不太适合对追求生产合格产品的数量或完成更多作业量失去兴趣的老年人力资源，甚至此种方式可能造成老年人力资源工作紧张、压力过大，有碍健康。对于新式的浮动定额和定额薪酬形式，都是以提高企业管理水平和员工渴望获得更多的薪酬为前提和基础的，这却无法反映老年人力资源的薪酬价值诉求。因此，要从经济利益上体现和保障老年人力资源作为雇主合作伙伴的地位，必须创新老年人力资源薪酬支付形式，丰富薪酬支付艺术，提高中小企业老年人力资源薪酬满意度。

二、基于生态位原理的中小企业老年人力资源薪酬管理创新——菜单式薪酬

人力资源管理中的期望理论表明，影响薪酬支付满意度因素主要有三个方面：薪酬支付数量的公平性、薪酬支付过程是否公正、薪酬支付否能实现个人效用最大化。显然，对于老年人力资源而言，在此年龄阶段由于其对薪酬的敏感度远不如年轻人，因此薪酬支付数量问题影响性就比较小了。从这意义上来讲，提高中小企业老年人力资源薪酬支付满意度，就必须关注薪酬支付的效用化和薪酬支付过程的激励性，最大程度满足老年人力资源对薪酬支付的生理需求和心理诉求。

（一）菜单式薪酬的内涵

如上所述，每一类群体在整个薪酬管理生态子系统中都必须找到一个最适宜其特点的薪酬管理制度，即生态位。在老年阶段，中小企业老年人力资源对工资奖金等敏感度降低，而比较关注自己受尊重的程度、医疗保障水平、生活学习质量等问题。因此，菜单式薪酬正好满足了这一现实状况。菜单式薪酬，即中小企业人力资源管理者根据老年人力资源的生理需求和心理诉求，事先将固定工资、奖金、津贴、补贴、福利等各种薪酬形式编列成清单或者将不同薪酬项目组合

成不同套餐,制订一揽子薪酬支付计划,以便让老年人力资源提供者根据期望如在餐厅点菜进行自助式选择的一种薪酬支付方式。菜单式薪酬以关注薪酬支付是否能满足个人效用的最大化为基点,充分考虑了老年人力资源的生理特征、职业稳定性、心理特点和薪酬期望,可以更好地满足老年人力资源的需求。

(二)菜单式薪酬的操作

在菜单式薪酬具体操作中,无论是单列的薪酬菜单还是组合薪酬的套餐,不能只把关注焦点集中在老年人力资源薪酬支付的效用最大化上,而忽视薪酬支付的过程激励。提高菜单式薪酬的操作实效性,要同时关注内容激励和过程激励,目的是让老年人力资源在获得薪酬过程中同时感受到物质的满足和心理的慰藉。第一,拓宽薪酬选择幅度,保障薪酬制度的公平性。鉴于老年人力资源福利需求的多样化,菜单式薪酬应尽可能地拓宽薪酬选择幅度。这至少应包括工作用品补贴、卫生健康咨询、心理问题咨询、健身运动项目、国内外旅游、老年特种保险、学习培训等内容,老年人力资源可以根据需要自由选择。第二,健全薪酬支付机制。薪酬专员应充分重视老年人力资源的尊重需求,在薪酬支付中不仅要与中青年人力资源同等对待,更要提升他们在组织中的地位和作用,凸显老年人力资源的价值,健全薪酬支付的定制化、多样化、弹性制和自助式服务机制,变"以薪留人"为"以心留人"。第三,建立薪酬反馈机制。定期听取老年人力资源对薪酬支付的意见和建议,安排专门的薪酬专员解答他们薪酬方面的问题,调动老年人力资源参与薪酬支付制度的制定并保证在今后的薪酬支付工作中进行调整完善。

三、中小企业老年人力资源薪酬管理的生态位机制

杰旺·麦克亚当斯在《奖励计划的优势所在》中指出:"只有最好的原理,而无最好的惯常做法。"显然,薪酬支付是讲究艺术的,绝不能生搬硬套。顾建平(2005)等学者的实证研究也表明,知识型员工薪酬支付过程与其被激励程度之间存在着水平较高的正相关,支付环境、支付形式和支付时机对知识型员工的激励程度相对较大。这说明,中小企业在进行老年人力资源薪酬支付时,必须考虑组织薪酬文化传统和老年人力资源的特点,确定老年个体或者种群在薪酬管理过程中特定的时间位置、空间位置和功能地位,采取相机性生态位策略,丰富中小企业老年人力资源薪酬支付艺术。

(一)因"人"制宜

年龄、性别、气质、性格、教育程度、技能水平不同的老年人力资源对薪酬支付形式的偏好是不一样的。以年龄为例,与年轻员工追逐工资奖金、挑战性任务、晋升机会的需求不同,老年人力资源更希望有优厚的养老金和医疗保险。因此,中小企业在薪酬支付时首先应该根据老年人力资源的养老保健诉求,设计好薪酬支付问卷,全面掌握老年人力资源的生理、心理等方面的需求,找准他们最想要的东西,因"人"制宜地选择恰当的薪酬支付方式。其次要采取和制订弹性化的薪酬福利制度:如免费停车、免费工作餐、保健服务、养老金提取、医疗补贴等,满足老年阶段的不同需求。再者薪酬专员要全面了解老年人力资源的真实诉求,与老年人力资源充分有效地沟通,不断调整薪酬支付方式。

(二）因"岗"制宜

中小企业的岗位性质、任务难度、劳动水平差别很大，因此中小企业老年人力资源薪酬支付不可能"一刀切"，必须因"岗"制宜，采取不同的薪酬支付方式。对于常规性工作的薪酬支付方式本书不再赘述，对于特殊的工作岗位，可以采取以下方式：对于任务型工作岗位，针对老年人力资源的身心特点，在薪酬支付过程中可以给予弹性休假福利，在规定时间完成工作任务的情况下，可以灵活选择工作时间、休假安排，甚至可以自主决定工作地点是在办公室还是其他场所；对于管理型岗位，在薪酬支付过程中可以更多地注重长期激励，通过股票期权、年终分红、利润分享、收益共享、股票增值优惠权等不同方式，承认和保障老年人力资源的管理贡献和长期利益；对于技术型岗位，在薪酬支付过程中可以更多地给予自主权，允许他们通过工作分担、工作轮换、学习培训等形式获得内在性报酬，同时对于他们在职称晋升、评优评先方面给予照顾性福利。

(三）因"时"制宜

中小企业老年人力资源薪酬支付的时机选择要根据老人家庭需要、心理诉求，选择不同的薪酬时机。首先对于老年员工的家庭需要而言，可以因"时"选择薪酬支付的对象——老年人力资源的配偶。在中国传统文化中，"家"文化在薪酬支付的运时艺术中发挥着激励和凝聚老年人力资源的作用。日本麦当劳汉堡店总裁藤田田就懂得如何帮助员工塑造"伟大"的女人从而使自己的员工成为成功的男人。这个案例启示我们在中小企业老年人力资源薪酬支付过程中，可以以年中、年终甚至老年员工配偶生日作为时间节点，向其配偶支付一定数额的薪酬，从而赢得家属的信任和支持。其次，对于老人的心理需要而言，可以因"时"选择特殊需要的薪酬支付时机。传统的计时薪酬形式，如年薪酬、月薪酬、周新酬、时薪制等，难以满足老年人力资源特殊需求，这对激励老年人力资源的积极性不利。因此，针对老年人力资源在生日庆祝、儿女嫁娶、生病住院、家庭变故等时间节点的个性需要，推出多样化的薪酬支付手段，能创造老年人力资源情绪上的满足感，进而收到意想不到的效果。

（四）因"境"制宜

人力资源在职业生涯发展不同阶段表现出不同的心理倾向，老年人在职业生涯发展的晚期，由于心态的沉稳性更关注职业的稳定性，相应地受尊重的欲望更为强烈，在中国"面子"文化的强势影响下这种诉求更为明显。因此在薪酬支付过程中的因"境"制宜，一是要定期召开薪酬表彰大会。表彰获得高薪酬的老年人，让他们介绍自己获得高薪酬的过程、感想和对未来的期望，在此过程中老年人的自尊和受他人尊重的需求都得到满足，同时进一步激发老年人力资源发挥潜能的自信和欲望。当然由于老年人力资源激励效果的可持久性，表彰频率可以降低。二是营造良好的薪酬支付环境。为了满足老年人力资源的尊重需求，本着隆重而热烈的原则，可以通过宣传橱窗、门户网站、内部报刊、纪念物品、横幅标语等方式，宣传老年人力资源高薪酬的优秀事迹，实现凝聚人心、增强自豪感的目的。

第十章 中小企业新生代员工和谐劳动关系机制构建
——基于生态因子原理的分析

一、生态因子原理及中小企业新生代员工和谐劳动关系的限制因子分析

(一)生态因子原理

构成生态环境的各要素称为环境因子。环境因子中一切对生物的生长、发育、生殖、行为和分布有直接或间接影响的因子称生态因子。生态因子中生物体不可缺少的因子称为生物的生存因子(或生存条件、生活条件)。各种生态因子在其性质、特性、作用强度和作用方式等方面各不相同,但各种因子之间相互结合、相互制约、相互影响,构成了丰富多彩的环境条件,为生物创造了不同的生活环境类型。

生物在一定环境中生存,必须得到生存发展的多种生态因子,当

某种生态因子不足或过量都会影响生物的生存和发展，这个因子就是限制因子。"限制因子"是相对的，不是绝对的，即相对于该因子对生物的影响结果而言，当该因力的量过小，不能满足生物的需要时成为限制因子；当因子的量过大，难以同其他因子配合时，对生物的影响结果不良，也成为限制因子；而因子比较适合时，原来相对不缺乏的其他因子上升为"限制因子"。假设共同参与影响生物的因子组成一个"桶"状结构，每一因子的作用相当于这个"桶"的一部分，缺一不可。而这个"桶"的容量取决于其中的最小因子的作用，它对生物的不良影响结果，也会限制其他因子作用的发挥。限制因子往往是局部性和暂时性的，如果一种生物对某一生态因子的耐受范围很广，面且这种因子又非常稳定，那么这种因子就不大可能成为限制因子；相反，若某生物对某一生态因子的耐受范围很窄，面且这种因子又易于变化，该因子很可能成为一种限制因子。因此，限制因子并不等同于主要作用因子。例如，氧气在动物生存中起非常重要的作用，是主要生态因子。而对陆生动物来说，大气中氧气数量多、含量稳定而且容易得到，一般不会成为限制因子。但氧气在水体中的含量是有限的，而且经常发生波动，因此常常成为水生生物的限制因子。

（二）中小企业新生代员工和谐劳动关系的限制因子分析

与生态系统中的生态因子及限制因子定律相似，在新生代员工劳动关系管理生态系统中，影响和谐劳动关系的生态因子是众多的。面对新生代员工劳资关系困境，中小企业人力资源专家和管理者采取了诸如加大宣传力度、转变新生代员工参保观念、增加工薪收入、及时调解劳动争议等举措，试图缓解新生代员工劳动关系的不和谐问题。但上述理论研究和实践对策的不足在于，未能将制度因素作为内生变量纳入和谐劳动关系的构建过程中,从企业人力资源管理制度或劳动争议处理流程变革作为契入点,进而抓住新生代员工劳动关系的症结所在。影响中小企业人力资源劳动关系管理生态子系统的生态因子有很多种,哪种生态因子不足或过量都会影响劳动关系和谐发展,这个因子就是限制因子。在一定条件下,劳动关系管理有效制度供给与和谐劳动关系同方向变化,而劳动关系管理有效制度需求与和谐劳动关系是反方向变化。因此,劳动关系管理有效制度需求量是比较大的,但另一方面有效的劳动关系管理制度供给量明显不足或者在一些环节上严重缺失,这就影响了和谐劳动关系的构建。显然,有效管理制度是劳动关系管理生态系统中的限制因子,而单从制度的有无、制度的多少上去研究劳动关系管理并没有多大实际意义。当前中小企业不缺乏针对新生代员工的劳动关系管理制度,而是无效制度、不合理制度太多,导致劳动关系的不和谐发展。

二、营造中小企业新生代员工和谐劳动关系制度生态环境

"在经济发展过程中制度的不健全导致由于产权保护和合约执行两个方面的交易成本在总的交易成本中占了很大的比重,那么通过制度变迁能有效减少交易成本从而促进经济发展的情况下,我们就说存在制度红利。"[①] 党的十八大多次提到"改革"关键词,是因为改革越深入,制度红利就会越多。"制度红利存在一个边际效益递减的过程,

---

① 《制度红利》,百度百科. http://baike.baidu.com/link.

如果不持续创造新的制度优势，红利将会逐渐弱化和消失"[①]。因此，在社会转型期，中国的未来发展必须依靠制度优势，中小企业发展也应该通过释放制度红利来推进新生代员工人力资源管理的改革创新。作为限制因子的制度生态，其内容十分丰富，各项制度既各有侧重，又相互交叉，要注意制度间的相互配套、相互衔接，切实增强制度的生态协调性、规范性和有效性，切实增强新生代员工和谐劳动关系制度的整体功能。本书根据生态因子原理在制度红利的视角下探讨中小企业内部劳动关系管理制度的合理性，重新考虑和设计各项规章制度并提出相应的对策建议以进一步释放制度红利。

（一）健全工会新生代员工劳动关系管理制度生态

在社会转型期，中小企业新生代员工合法权益受到损害的时候，往往通过人力资源与社会保障部门、信访部门、老乡以及各种媒体舆论的帮助，甚至通过仲裁机构和法院实现维护合法权益的目的，却忽视了工会作为一种非政府性的社会团体在维持和改善工作条件、处理劳动争议、提高劳动者经济和社会地位方面的重要作用。在中小企业新生代员工劳动关系管理过程中，一个明显的问题是劳资双方对比力量失衡，无论是资源，还是权力，新生代员工往往处于弱势地位。因此，在司法力量不足，而企业内部劳资力量失衡、社会调解组织作用不断弱化的现实背景下，必须提高新生代员工组织化程度，发挥集体的力量，才能达到与资方力量的相对平衡，这使得依靠工会力量、健全工会劳动关系管理制度成为一种必然。一是要探索符合新生代员工

[①] 袁宝成：《改革不停顿，开放不止步，不断增创发展新优势》，《东莞日报》，2013年3月5日。

特点的区县工会维权组织（如在区县工会设立劳动争议调解庭），明确这类机构的工作职责、人员配置、经费保障和工作程度等内容，提升新生代员工集体力量。二是建立企业工会劳动争议信息员制度。劳动争议信息员一般由新生代员工担任，其职责一方面是协助企业做好日常劳动关系管理工作，反映职工的意见并提出解决建议，作为新生代员工的代理人参加劳动争议仲裁和诉讼并提供法律服务和法律援助。另一方面要健全新生代员工劳动关系预警机制和突发事件报告制度，出台劳动关系应急预案，做好劳动争议的预测、预报和预防工作，及时化解和妥处劳动争议。三是健全工会新生代员工法律权利发展委员会。设置这一机构的目的是通过争取有关维护新生代员工权益的参政权或者充分利用工会推荐之立法委员的机会对立法机关进行游说，争取制订有利新生代员工的制度条款，通过行政解释或制订规章制度明确更多的员工权利。

（二）创新新生代员工劳动争议调解制度生态

对于新生代员工劳动争议调解，传统做法是在中小企业内部设立劳动调解组织或者由社会化调解组织居中协调，但是这些调解组织工作人员大多是临时抽调安排的调解员，专业水平不高，法律水准层次不齐，无法保障中小企业新生代员工劳动争议调解工作的效率。因此，借鉴发达国家劳动争议调解的经验，创新新生代员工劳动争议调解制度，在中小企业所在区县总工会内部设立专门受理劳动争议案件法律援助组织机构，吸收有志为新生代员工服务的法律专业人士参与劳动争议处理，维护中小企业新生代员工的合法仅益。重庆市永川区在此方面树立了创新新生代员工劳动争议调解制度的典范，具体做法是，区总工会设置法律服务中心这一劳动争议援助机构，选择该地区实力较强、影响力较大的重庆石松律师事务所为调解平台,"由律师事务所负责执行调解工作。区总工会法律服务中心负责,即重庆石松律师事务所主任,同时担任区总工会劳动争议调解委员会副主任,负责区总工会劳动争议调解中心的日常管理工作,并在该事务所内确定2~3名律师作为具体调解工作人员;另行聘请一名调解中心书记员,负责文档和日常事务"[①]。律师事务所是独立的社会中介组织,其单位成员法律知识丰富、专业能力较强、工作态度积极,完全可以根据劳资双方的委托,客观、公正地处理新生代员工劳动争议,工作效率比较高。此外,区总工会设置的法律服务中心因为吸收了社会权威人士作为中小企业新生代员工劳动争议调解员,可以有效减轻仲裁机构和法院的调解、仲裁和诉讼压力,若能较快达成调解协议的,可应劳资双方要求,人民法院对调解协议依法予以确认并制作调解书,产生强制执行效力。如劳资双方无法达成调解协议,建议建立劳动争议案件调解与仲裁、诉讼的联动机制,实现工会调解、机构仲裁和法律诉讼的有效衔接。

(三)完善新生代员工多元化社会保障制度生态

根据《2012年国民经济和社会发展统计公报》相关数据分析,"2012年年末,全国参加城镇基本医疗保险、工伤保险的农民工人数分别为4996万人和7173万人,分别占当时全国农民工总量26261万人的19%和27%"[②]。其中,新生代员工参保比例相对于老一代农民工虽略有提升,但都未达到理想的水平。鉴于此,根据新生代员工更加

---

① 李小鲁:《论劳动争议调解制度的创新与完善》,《中国劳动关系学院学报》,2010年第5期。

② 国家统计局:《2012年国民经济和社会发展统计公报》,2013年2月22日。

注重社会福利和基本保障的特点，应该逐步建立健全与现阶段社会经济发展水平相适应的中小企业多元化社会保障制度体系。一是要统筹推进中小企业新生代员工分类社会保险制度。其操作要点一方面根据区域经济发展水平、中小企业行业特点，"以劳动关系为标准，采取分类分步的保险办法，应优先推进工伤保险、医疗保险制度，特别是大病医疗保险制度的建立和完善"[①]，然后再根据中小企业发展情况，逐步推进新生代员工失业保险、生育保险和社会求助制度。另一方要根据新生代员工收入水平不高、参保能力有限的实际情况，优先考虑推进低费率的社会保障制度；根据新生代员工流动性大、频繁跳槽的特点，要推进社会保障权益异地转移和有效衔接，保证新生代员工异地就业和跨行业就业过程中的社会保障权益。二是创新和完善新生代员工消费养老模式。此制度的核心思想是根据新生代员工日常消费有限刚性的特点，在其消费商品和服务后，商家给予新生代员工一定的养老金回馈并储存在金融信托机构，形成新生代员工的个人消费养老"个人账户"。当然，目前消费养老模式因其风险防范能力有限，还很不成熟，受到各界的质疑，但是，只要正确处理好新生代员工、政府、商家、银行和社会保险经办机构或者商业保险公司等的信用、风险承担、操作运营和监督关联的关系，确保消费养老模式的安全性，应该能够在一定程度上解决新生代员工最迫切的养老保障需求。

（四）推进中小企业劳资双方平等协商制度生态

针对新生代员工劳动合同签约率低、工资待遇较低且拖欠现象时

---

① 陈胜君：《制度设计：努力构建农民工劳动关系保障体系》，《工人日报》，2006年4月11日。

有发生、劳动工作条件较差等问题，采取对抗式的群体行为可能一时奏效，但无益于从根本上解决中小企业劳动关系矛盾。因此，必须推进中小企业劳资双方平等协商制度，从制度层面规范新生代员工劳动关系。一是规范新生代员工劳动合同，推进集合合同制度。2008年颁布实施的《劳动合同法》对新生代员工劳动合同签订有了明确的规定，"强化了用人单位缔约责任，杜绝农民工事实劳动关系，降低农民工短期、临时合同的签订率，倡导和谐稳定的劳动关系，加大对农民工试用期的保护力度，明确用人单位的法律责任，加大对拖欠农民工工资行为的惩罚力度，并从细则上加大了对农民工的保护"[①]。因此，要进一步推进中小企业劳资双方平等协商制度，应该发动工会代表新生代员工就合同管理、用工规范、工作条件、社会保障、职业安全、职业发展等方面同中小企业进行平等协商，以集体合同制度将关系新生代员工的合法权益进行规范，从而规避新生代员工工作条件较差、用工管理不规范、职业健康隐患等问题的出现。二是以民主的方式推行工资集体协商制度。要从根本上解决新生代员工工资过低且拖欠现象严重的问题，必须以民主的方式推行工资集体协商制度，完善中小企业新生代员工工资正常增长制度、工会工资支付监管制度和企业征信制度。其具体操作策略是在劳资关系运行环节，工会要切实发挥平等协商的作用，可以签订区域性、行业性的工资集体合同，此举比单个企业的工资协商更具有科学性和合理性，协商的结果也更公平；也可以签订企业内专项工资集体合同，可以更有效地保护新生代员工的合法权益。同时中小企业的工会组织既要敢于维权，又要善于维权；既要维护好新生代员工的根本利益、长远利益，也要维护好新生代员

---

① 王菁：《新〈劳动合同法〉对农民工劳动关系的影响》，《湖北社会科学》，2009年第3期。

工的具体利益。只有不断完善和创新中小企业劳资双方平等协商制度，进一步释放制度红利，才能真正实现构建新生代员工和谐劳动关系的目标。

第十一章　中小企业解决大学生就业问题研究
——基于生态适应理论的分析

随着我国经济社会结构的深度转型,近年来经济增长率趋于回落,加上新世纪青年大学生就业理念滞后、职业生涯模糊、知识转化能力的应用型水平不足,导致高校毕业生签约率持续走低。严峻的就业形势如同生态雾霾,出现了史上大学毕业生"最难就业季"。"就业难"问题既给企业带来了挑战同时也带来了机遇,其挑战表现在:高校大学毕业生期望值比较高且眼高手低现象普遍存在,而企业"即来即用"的功利性选人用人理念导致企业面对大量求职毕业生而招不到合适人选。这种现象的存在不仅导致战略人力资源缺失,而且影响了人才甄选的成功率。结果,由于无法吸纳更多的高校毕业生,企业社会形象受损,从战略上严重制约了企业的长远发展,反过来客观上又加剧了我国现阶段的大学生"就业难"问题,造成企业人才匮乏和高校大学生"就业难"的双重困境。对不少企业而言,面对经济转型、企业裁员的压力而大学毕业生"就业难"的背景下,中小企业可以把大学生作为影响企业发展战略的重要稀缺资源,反其道而行之,把挑战转化为机遇,大规模招聘大学毕业生,重视大学生作为企业潜在人力资源的合理配置,强调大学生人力资源的有效开发,这不仅可以有效节约人力资源成本,而且可以为企业发展储备高素质的人力资源。在反思高校人才培养、政府经济政策、社会就业环境等方面存在诸多不足的同时,面对大学生"就业难"问题,企业HR应如何介入呢?作为一家中小企业,ARR公司HR基于生态适应原理在解决大学生"就业难"方面树立了典范,不仅大幅降低了企业人力资源成本,优化了自身的人力资源结构,而且也履行了社会责任,有效解决了高校毕业生就业问题。

一、ARR公司HR解决大学生"就业难"的主要策略

ARR公司是美国全资的附属公司,主要经销来自近300家领先国际及本地供应商的各种高科技电子产品,为一万多家亚太地区的原始设备制造商和合约制造商以及商业客户提供包括电信、信息系统、交通运输、医疗、工业和消费类电子产品服务。全球网络遍及55个国家的近500个地点,在全球拥有近2万名员工。笔者利用课题调研的机会,通过对ARR公司的实地走访、深度访谈和个案分析,运用生态适应原理科学地把握了该公司HR在大学生人力资源开发过程中存在的问题和可能的解决路径,期望能通过这些经验的梳理和思考为其他企业解决大学生"就业难"问题提供现实借鉴。

如果我们把人力资源管理看作一个完整的生态系统,那么,对于任何一个相对稳定的生态系统,物质、能量、信息都在生态系统循环运行过程中不断地进行着输入和输出,其生态平衡是动态的、相对的,它具有复杂的反馈机制和组织机制。在一定条件下,生态系统能

通过自组织机制实现自我修复、自我完善，使它能维持自身的稳定结构和功能。目前的生态环境就是经过长期演变形成的一个相对平衡的系统。同时生态平衡不仅仅是停留在保持自身的原有状态上，而是要根据生态环境的变化在生态干扰机制作用下重构生态系统的结构，发展新的生态功能，产生新的生态效益。在某个生态系统调适和控制过程中，必须时刻关注不同生态因子的发展和运行态势，考察生态因子的时空位置和效用强度，挖掘利导因子的良性作用，克服限制因子的不利影响，进而实现生态系统的生态平衡。ARR 公司正是运用生态适应原理提出了 HR 在大学生人力资源开发过程中的多元化解决方案和具体做法。

（一）统筹人力资源生态系统规划

ARR 公司在进行企业人力资源规划时，充分运用了统筹理念，正确考量和处理了大学生和正式员工的关系、长期雇佣者和大学短期工的关系、内部员工和外部员工的关系，充分调动了大学生入职 ARR 公司的积极性和主动性，不仅解决了大学生就业难题，而且为企业准备了高素质的人力资源。其操作方式主要如下。

一是大学生实习计划。ARR 每年年初都会发布一些大学实习生计划。这些计划，一般由公司紧缺人力资源的业务部门或者有潜在人力资源需求的职能部门提出，经公司管理层批准后统一由人力资源部门发布。通过招聘大学实习生，提供入职培训和岗位培训后，让他们参与一些初级的工作，一方面可以帮助处理公司的部分紧急业务，另一方面可以培养大学生工作胜任能力。同时在实习期间，ARR 可以对实习生有深入的了解，对于一些合乎公司要求、能适应企业文化的实习生，实习期结束后即可考虑签订正式劳动合同。这样，企业不仅可以大大降低用工风险，而且避免招聘到不合格员工带来的损失。对于一些没有签订正式劳动合同的大学生，其就业竞争力也能得到有效提高。

二是短期合同工计划。ARR 由于公司规模较大，经常会有一些员工短期外出培训，或者休产假，出现一些短期的人力资源的需求。在这种情况下，公司的做法是招聘大学生作为短期合同工，用来弥补人员的不足，待外出培训员工或者休假员工返回公司上班后，短期合同就会结束。这类短期工作，虽然时间不长，但可以让刚毕业的大学生有机会进入企业，从事一些相关工作。另外，一旦 ARR 有了长期的人力资源需求，ARR 也会重点考虑在公司工作过的业务熟悉、表现优异的短期合同工。由于 ARR 有着较高的知名度以及完善的培训机制，这种短期工作经历对大学生来说也是一段宝贵的就业财富。

三是人力资源外包计划。ARR 作为一家大型的外资物流企业，其出货量在月末、季末都会远远高于平时。这就导致公司的人力资源需求表现出极度不稳定的特征。若是企业过分追逐拥有足够的人力资源总量，则在平时就会造成大量的人力资源浪费。在大学生就业季，ARR 公司 HR 将出货所需要的部分业务如打包、贴标签、搬运、发货等工作，交给大学毕业生来做，实施人力资源外包计划，在一定程度上吸收了一部分高校毕业生。

（二）梯级生态位工作设计

人才市场上需求的大部分职位大都要求有一定的工作经验，针对应届大学毕业生的岗位比例相对较低。应届毕业生工作经验少，在就业竞争中处于劣势。ARR 公司在企业工作分析和岗位设计时，科学进行了组织需求分析、岗位需求分析和个人需求分析，在三者兼顾情况下，运用梯级生态位理念做好了岗位设置，给企业员工和大学生以同等的出彩机会。其具体操作方式是，ARR公司在确定每年招聘相当数量的大学生计划基础上，人力资源管理部门组织其他职能部门对企业的工作流程加以分析，依据难易程度和生态位理念重新设计工作岗位。对于主管以下级别的岗位，分为三个级别。其中初级的工作岗位大多数都是招聘应届大学毕业生，中级和高级的岗位则一般由老员工负责。这样一来，老员工就有了更多的晋升和发展机会，提升了其工作的积极性，同时也给了大学毕业生参与岗位工作的机会，而企业的用工成本也大大降低。更重要的是，企业在学历、经验、年龄等人力资源构成上可以不断优化，结构更加合理，团队更加稳定，管理更加有效。

（三）通过生态调适做好专业化职涯辅导和技能性就业指导

哈佛大学曾经对一批大学毕业生做过职业生涯方面的调研，结果是，"27%的人，没有目标；60%的人，目标模糊；10%的人，有清晰但比较短期的目标；3%的人，有清晰而长远的目标。25年后，3%的人，几乎都成为社会各界成功人士；10%的人，大都生活在社会中上层；60%的人，都生活在社会中下层；剩下27%的人，在抱怨他人，抱怨社会，抱怨自己"。因此，在一定意义上而言，高校大学生成功就业的关键是根据自己的职业倾向，找准自己的职业定位，然后确定合理的职业发展目标并做出行之有效的安排。针对目前大学生职业定位模糊，职业发展目标缺失等问题，ARR公司通过"走出去"和"请进来"方式做出了很好的回应。

一是专业化职涯辅导。与其他企业宣讲会过分重视企业广告宣传不同，ARR公司HR主动到高校开展宣讲会并对大学生进行专业化职涯辅导。首先在组织上，ARR公司HR部门邀请企业高层领导、HR专家参加企业宣讲会，现场回答企业概况、职位要求、晋升渠道、福利待遇等与职业生涯发展相关的人力资源政策。其次在内容上，ARR公司的HR专家会专门开展职业倾向方面的测试并根据测试结果对每一个参与的大学毕业生在职业能力倾向、职业选择和定位、职业发展目标、职业发展路线等方面进行一对一的专业化辅导。在此基础上，宣传企业不同岗位职业发展情况，并对有意向的大学毕业生提出个性化和针对性的职业生涯发展建议。这种专业化职涯辅导做法不仅宣传了企业，更重要的是明确了大学毕业生的职业发展规划，提高了就业成功率。

二是技能性就业指导。在2013年上半年，针对在校的大三、大四年级学生，ARR邀请两批大学生来公司，举办面对面就业指导交流会，聘请公司负责专业化招聘的HR对他们在大学期间的知识储备、能力训练，求职时的简历制作、笔试要求、面试方法与技巧、入职前的职场礼仪、职场规范等方面的一些关键环节加以指导。在交流会后，公司人力资源部领导还带毕业生到企业各个部门参观，让大学生感受企业的实际运作和工作流程。通过这种做法，一方面宣传HR所在的企业，使大学生们了解了企业，扩大了ARR在大学毕业生群体中的知名度，为日后招聘奠定了良好的基础。另一方面大学生通过参与面对面就业指导交流会，提升了自身的就业技能。

ARR公司HR在采取统筹企业人力资源规划、梯级生态位工作设计、专业化职涯辅导和技能性就业指导等一系列政策后，使企业取得了不少实效。一是通过统筹人力资源规划，一方面优化了企业雇员年龄结构；ARR刚进入中国时，由于急需拓展中国的业务，招聘的多数是一些有相当社会经验的员工，老中青比例大约为3∶5∶2，虽然这些老员工的特点是工作能力强、业务熟，但成本相对较高。通过招聘青年大学毕业生，老中青比例转变为3∶3∶4，优化了年龄结构，降低了人力资源成本。另一方面通过大学生实习计划、短期合同工计划和人力资源外包计划，吸引高校大学生毕业生二百余人次来公司参观学习或者实习锻炼，提高了这批学生的就业竞争力。二是通过梯级生态位工作设计，一方面招聘了大量的优秀大学毕业生，两年来共引进包括同济大学、华中科技大学、上海财经大学等一批知名学校的大学生一百余名，这些大学生的知识新、后劲足，充满活力，为企业长远发展奠定了人力资源基础。另一方面是通过工作设计、专业化分工，简化了工作，内部流程不断优化，提升了企业的运转效率。三是根据职业辅导和专业指导工作，与知名高校建立并强化了校企深度合作关系，开拓了广泛的、稳定的招聘渠道。由于企业在高校大学生就业困难时期解决了大量的毕业生就业问题，得到社会的广泛认可，提升了品牌的社会形象和企业行业竞争力。2013年上半年ARR公司中国销售额达到18.8亿美元，比2012年上半年增长27.03%。这表明，ARR公司HR在人力资源管理方面的经验，给具有一定规模、组织结构完善、业务不断拓展的企业提供了重要决策借鉴，具有一定的代表性。

二、企业HR解决大学生"就业难"问题的相关启示

据有关统计表明，"在发达国家大学生占从业人员37%—40%，而我国占5%"。解决大学生"就业难"问题不是简单缩小高校大学毕业生群体数量，关键是有效开发大学生人力资源。上述研究表明，外资企业ARR公司解决大学生"就业难"的具体思路和操作策略具有现实参考意义。其他企业HR也应在人力资源外包、人才储备等方面采取大学生人力资源开发的多元化解决方案。

（一）以人为本，做好大学毕业生人才储备

人力资源是企业的第一资源，大学生是企业发展和战略实现的动力和希望。经济调整和企业的困难只是短暂的，发展才是永恒的主题。随着社会的发展，企业要想不断提升竞争力，对新知识、新技术的要求也必然不断提高，优秀的高校毕业生正好满足企业这方面的需求。从这个意义上来讲，在经济调整时期储备优秀的人力资源可以服务于企业的长远发展。因此，面对大学生"就业难"，企业HR应充分重视大学生作为组织人力资源的重要作用和地位，在人力资源规划上下足功夫。一是采取灵活用工计划，做好大学毕业生人才储备。借鉴外资企业ARR公司的做法，企业可以根据中长期人力资源供求关系，采取大学生实习计划、短期合同工计划等形式，也可采取校企联合订单培养、校企置换脱产培训（企业一部分员工到高校培训，高校大学生代替这部分员工顶岗工作）等方法，每年招聘一定数量的优秀大学生，作为储备的人力资源。尽管高校应届大学生工作经验少，岗位适应能力不足，但大学毕业生拥有知识新、后劲大、成本低等诸多优势。这些新入职的大学毕业生，很多都会在企业不断扩张过程中，逐渐发展为企业的中坚力量。尤其是那些和企业一同成长和发展的大学生员工，有着更高的忠诚度。二是采取人力资源外包方式，优先招揽大学毕业生参与。针对大学生"就业难"问题，对于一些非核心业务、季节性业务、临时性业务，企业可以采取人力资源外包的策略。人力资源外包可以将企业的长期人力支出转化为短期支出，降低企业的运营风险。在大学生就业季，企业外包业务可以优先考虑招聘高校的优秀毕业生，从而有效缓解大学生就业难题。

（二）流程为重，做好大学毕业生岗位设计

外资企业，特别是很多 500 强企业，在发展过程中倾向于选择高校大学毕业生进企业，这不仅与其所倡导的人力资源文化有关，更与流程管理的发展战略有着深度关联。因此，解决大学生"就业难"问题，企业 HR 首先要检视公司业务流程，反思岗位设计的合理性。很多大学毕业生在就业过程中反映最强烈的就是招聘方需要工作经验，当企业在工作经验上要求过于苛刻时，HR 应当反思：自身业务流程是否合理？对于当前企业岗位描述、工作职责、工作条件，尤其是任职资格的工作分析和岗位设计是否合理？对于初级性、基础性、日常性的工作，是否可以面向大学毕业生进行岗位设计？其次，推动大学毕业生岗位的再设计。在大学生"就业难"的背景下，岗位再设计的目标不仅是要给予大学生以入职的机会，更重要的是要使工作设计更有效，通过对不同的职位群进行再设计，给大学毕业生以更多的自我激励力量和职业发展平台。针对"就业难"的问题，企业可以多设置"管理培训生"岗位，HR 可以根据组织发展和流程再造的需要，招募大学毕业生入职。录用后，企业 HR 采取 1 对 1 指导的形式，首先为每一位管理培训生配备一名专业指导老师，帮助其进行职业发展规划；其次进行 3 个月左右的入职培训，进行量身定制的专业知识培训、领导能力培训和企业文化培训，打牢自身业务基础；然后进行 3 个月工作实践和 1 年以上核心部门多岗轮换，全面提升管理培训生综合业务能力和管理能力；最后再经过 1 年—2 年的业务实践，企业 HR 会根据管理培训生个人能力和公司实际确定具体职位进行初级管理岗位的定岗。

（三）责任为先，做好大学毕业生"三涯"指导

大学生是企业重要的利益相关者，也是关乎企业战略成败的关键人力资源。在大学生"就业难"的背景下，企业应该主动承担社会责任，积极参与校企深度合作，为大学毕业生提供学涯、职涯、生涯专业化和技能性的指导，这不仅能有效提升大学毕业生综合能力，而且能转变大学生就业理念、积极改善大学生就业现状。一是学涯指导。主要是企业HR主动与高校教师合作进行学涯辅导，帮助大学生了解自己的兴趣、爱好、个性特征，正视当今社会严峻的就业形势，克服"毕业即失业"的错误观念，确立学习兴趣和专业方向，明晰相应专业所需要的知识、技能并将目前现实环境和长远学习规划相结合，做出学习规划。二是职涯和生涯指导。大学毕业生职涯和生涯指导不仅包括在大学阶段，企业HR指导大学生要充分了解就业趋势，树立正确的就业理念，转变不合事宜的就业思想，从知识、技能、心理、情商等方面做好提高职业素养的准备，更包括在毕业入职阶段。企业HR导师指导大学生正确面对就业形势，养成"今天工作不努力、明天努力找工作"的思维模式，融入企业文化，掌握岗位技能、沟通技巧、协调能力等方面的内容。譬如，在当今"就业难"的形势下，作为财富500强的EM公司，不仅主张优先招聘大学毕业生来公司工作，同时针对入职大学生职业生涯和职业能力提升，企业HR部门将在华公司岗位分为领导主管类和业务类两大类型，并要求入职大学生员工在个人评定中表现自己的职业兴趣，然后公司安排HR职业导师进行业务上的指导，帮助他们尽快确定适合自己的岗位类型；同时EM公司为大学生员工提供职业发展的政策性保障，如为了鼓励异地工作，不仅把他们作为后备技术人才和管理人才加以培养，而且提供给那些有业务潜力又愿意到外地工作的员工更多的薪酬福利和晋升机

会。这样，企业 HR 将大学生职业发展和组织指导相结合，不仅有效解决了大学毕业生"就业"难问题，而且有助于他们尽快确立个人职业生涯最佳发展路径。

以 ARR 公司为例，企业 HR 在解决大学生"就业难"方面主要策略是统筹企业人力资源规划（主要包括大学生实习计划、短期合同工计划和人力资源外包计划）、梯级生态位工作设计、专业化职涯辅导和技能性就业指导。其他企业 HR 也应在人才储备、岗位设计、"三涯"指导等方面采取大学生人力资源开发的多元化解决方案。随着社会转型发展的不断深入，高校大学毕业生"就业难"问题还将在一定时期内持续存在。"他山之石，可以攻玉"，中小企业 HR 在人力资源规划、工作设计、职业生涯设计等方面的经验为我国企业解决大学生"就业难"问题提供了具有重要借鉴意义的决策参考建议。因此，企业 HR 应正视"就业难"问题的现实，科学把握"就业难"问题的实质，以人为本，勇于担当，结合企业自身实际全面分析企业管理制度的合理性，将制度因素作为内生变量纳入人力资源管理的重构过程中，进一步释放制度红利，吸纳更多的高校大学毕业生。

第五部分

应用研究

YINGYONG YANJIU

第十二章　中小企业职业经理人制度研究
——生态系统管理方法的应用

十八届三中全会通过的《中共中央关于全面深化改革若干重大问题的决定》提出"建立职业经理人制度,更好发挥企业家作用",这既是一项重大的改革任务,更是一项重要的社会人才工程。当前,我国中小企业竞争力备受质疑,管理者人才队伍"断层"日益严重,从人力资源管理开发的角度分析,问题关键就在于缺乏懂得市场化运作、善于专业化经营、拥有职业化操守的职业经理人。面对中小企业职业经理人制度存在的问题,研究生态系统管理方法在中小企业职业经理人制度应用机制,不仅有利于推进高水平专业化职业经理人队伍建设,而且有利于提高中小企业竞争力,推动中小企业快速健康可持续发展。

一、职业经理人制度在中小企业发展过程中的作用分析

（一）职业经理人制度概述

1. 职业经理人的由来。从历史沿革的角度看，职业经理人制度最早发端于西方，"职业经理"的概念源于19世纪法国经济学家萨伊，他认为职业经理是推进企业生产效率从低走向高的专业能人。1841年10月5日，美国马萨诸塞州的铁路发生客车相撞事故，引发社会公众对铁路企业业主管理能力的质疑。于是州议会通过法案推动铁路企业业主选择专业人士管理企业，乔·W.惠斯勒成为世界第一位职业经理人。伴随着西方国家企业规模化、规范化和专业化的不断发展，组织内部管理分工越来越精细化，专门负责职业管理的经理阶层逐步形成。尤其是现代公司制度的不断完善和职业经理人市场的不断健全，职业经理人阶层进一步发展。对于我国而言，明清时期"东家出资""掌柜经营"的运行模式———方出资建设，一方经营管理，二者各负其责，初步显示了"东家"所有权和"掌柜"经营权的初步分离，凸显了职业经理人制度雏形。新中国成立后，社会主义改造使得职业经理人阶层暂时退出历史舞台。但是随着改革开放的不断深入，"产权清晰、权责明确、政企分开、管理科学"的现代企业制度更是催生了经理人逐渐走上专业化和职业化轨道。

2. 职业经理人的内涵。国家标准《职业经理人相关术语》中指出："职业经理人是指从事职业经理职业的一个新的社会职业人群的称谓，以及一个新的社会阶层的称谓，他是从企业经营管理人员中细分出来的一个新的小的社会职业人群。"中国企业联合会颁布的《职业经理人资格认证标准》对职业经理人定义是："具备良好的品德和

职业素养，能够运用所掌握的企业经营管理知识以及所具备的经营管理企业的综合能力和丰富的实践经验经营管理企业，经营管理业绩突出，受聘于雇主（出资人）的职业化的企业中高层经营管理人员。"综上，职业经理人是指具有扎实的经营管理专业知识、较强的经营管理能力和较高的职业素养，以经营管理为职业，为企业提供经营管理服务并承担企业资产保值增值责任的中高层经营管理人才。

3. 职业经理人的特征。根据职业经理人的基本内涵，其特点包括：一是身份职业化。职业经理人作为从业人员的特定分群，不仅把经营管理活动作为自身职业，而且始终认同这种身份并坚守职业操守。二是工作专业化。职业经理人具有胜任经营管理岗位的专业知识、专业能力和专业素养，拥有战略发展思维、开拓创新意识、组织协调能力、团队合作能力和干练的工作作风，因此可以实现企业保值增值的需要。三是流动市场化。在现代劳动力市场不断完善的今天，职业经理人岗位不是固化的，职业经理人的选拔、使用和流动完全可以通过劳动力市场的供求关系来解决。四是角色的伙伴化。职业经理人的角色打破了传统计划、组织、控制、协调等管理职能，发挥作用的方式在于通过建立与下属的合作伙伴关系，共同制定管理游戏规则并有效执行，进而激励和帮助下属提升能力。

4. 职业经理人制度。职业经理人制度是关于职业经理人培养认证、选聘培训、绩效考核、激励约束、流动退出等方面的运作机制，其目的是保障职业经理人的职业化、专业化和市场化。职业经理人制度的可持续发展需要现代企业制度作为基础，法人治理结构作为保障，良好的职业经理人管理机制作为运作规范，健全的职业经理人市场体系作为有效支撑。我国非常重视职业经理人制度建设，1994年《公司法》提出董事会聘任经理，并明确了经理人的权利和义务。2002年中央办公厅、国务院办公厅《2002—2005年全国人才队伍建设规划纲要》第一次提出建设一支职业经理人队伍。2003年12月中央、国务院《关于进一步加强人才工作的决定》提出探索社会化的职业经理人资质评价制度。2010年的《国家中长期人才发展规划纲要（2010—2020）》提出，以战略企业家和职业经理人为重点，加快推进企业经营管理人才职业化、市场化、专业化和国际化。完善以市场和出资人认可为核心的企业经营管理人才评价体系，积极发展企业经营管理人才评价机构，建立社会化的职业经理人资质评价制度。2014年中央经济工作会议提出，要"更加注重发挥企业家才能，更加注重加强教育和提升人力资本素质"。十八届三中全会通过的《中共中央关于全面深化改革若干重大问题的决定》提出"建立职业经理人制度，更好发挥企业家作用"。显然，正是由于国家对职业经理人在企业创新中作用的重视和政策支持，职业经理人制度才日渐成熟，成为中国企业可持续发展的重要环节。

（二）职业经理人制度引入中小企业发展的必要性

探讨职业经理人制度在中小企业发展过程中的作用分析，是有效探讨职业经理人制度在我国中小企业的实现机制的基本前提。

1. 建立职业经理人制度是中小企业提升竞争力的必然选择

目前，中小企业在运行过程中常常遭遇以权谋私、贪污腐败的现实困境，竞争力受到严重挑战。所有权与经营权的分离而催生的职业经理人制度，不仅可以把中小企业的经营管理权交给在职业经理人市场自由选聘的职业化经理人，而且可以通过制度契约明确所有者和管理者的权利、义务和责任，实现责权利统一，提高中小企业发展的专业化和规范化水平。

2. 建立职业经理人制度是中小企业完善干部选聘机制的有效举措

从现实情况来看，中小企业的中高层管理人员来源渠道还比较单一，很多组织的人力资源管理体制还带有较强的家族式和个人化色彩，"终身制"现象还在部分中小企业存在，这种传统的选人用人机制已无法适应中小企业发展的现实需要。通过建立职业经理人制度，推进用人机制市场化改革，形成"双向选择、能上能下、进退自由"的干部选聘机制，有利于提高中小企业人才队伍的整体活力与创造力，进而进一步提升中小企业可持续发展的内生力。

3. 建立职业经理人制度是完善中小企业治理结构的关键环节

能否找寻到合适的职业经理人并形成高效的经营管理团队是中小企业可持续发展的核心问题。因此，完善中小企业治理结构的关键在于引进和培育一批有知识、品德高、懂经营、会管理的经营管理人才。在中小企业引入职业经理人制度可以通过出资人形成董事会行使所有权、第三方成立监事会行使监督权、职业经理人行使经营管理者权力，有效解决委托—代理模式问题。职业经理人制度，既可以推进上述各个组织机构各司其职、各负其责、相互监督、相互合作，建立起相对完善的治理结构，又可以有效地解决管理人才的职业化道德问题和专业化运作问题。

（三）中小企业职业经理人应具备的个性特征

作为中小企业职业经理人，除了必须具备较高的专业知识、专业技能和综合素质之外，还应具备以下个性特征：

1. 战略性。"建立职业经理人制度，更好发挥企业家作用"是党中央和政府在新世纪推进各类组织可持续的战略决策。而职业经理人是中小企业发展的推动者、组织者和建设者。这就要求中小企业职业经理人必须具备战略思维和战略眼光。

2. 伦理性。中小企业发展需要深厚的伦理文化作为支撑。因此，在发展中小企业、完善中小企业职业经理人制度时必须重视责任、正义、公正等伦理道德知识的教育培训，推进中小企业人力资源管理与伦理文化的融合。

3. 复合型。中小企业的可持续发展是一个系统复杂的工程，需要多元化的能力。中小企业职业经理人不仅需要具备行业知识、活动策划、活动营销、管理等一般性技能，还必须掌握过硬的新闻、调研、管理等知识，具备产业融合、文化沟通、人际交往的能力。因此中小企业职业经理人必须是复合型人才。

4. 创新性。要实现中小企业可持续发展，必须具有创新精神。因此，中小企业职业经理人在开发项目、策划、实施、服务时必须具备更强的创新思维和冒险精神，具备坚韧不拔、自信果断和强烈的事业心和创新能力。

二、中小企业人才队伍建设面临的主要问题

摸清中小企业人才队伍建设基本情况是有效研究中小企业人才队伍职业化和专业化的客观基础，为此，课题组选择典型中小企业，将定性的、定量的、时序的和截面的分析相结合，期望通过深度访谈、实地调研等方式全面揭示中小企业人才队伍建设的主要问题。

（一）中小企业职业化管理人才流失严重

目前，很多中小企业难以吸引到优秀职业经理人才，甚至面临着已有员工流失率高的问题。其中原因一是中小企业职业经理人资格认证缺乏统一标准，水平层次不齐，进入和退出缺乏规范性的管理。目前，我国国家级别的职业经理人职业认证有中国职业经理人协会的"中国职业经理人资格认证（CPMC）"，中国企业联合会、中国企业家协会的"职业经理人资格认证（CPMQ）"，中国人才研究会经济人才专业委员会发布的"中国职业经理人资格评价体系（CCMC）"，全国人才流动中心和职业经理研究中的"职业经理资质评价体系"以及中国人力资源开发研究会的"中国职业经理人（CPM）资格认证"等多种行业性职业经理的资格认证体系。[①]这些社会化的资格认证体系各自为政，相互交叉，存在着多头管理、多方认证等问题，缺乏统一标准和统一管理，影响了中小企业职业经理人人才队伍进一步发展。二是调查发现，中小企业人力资源管理者无论内部晋升还是合理流动都缺乏成长空间。三是中小企业人才信用问题。人才信用是中小企业成长和发展的重要保障。但除了人才流失问题外，目前既缺乏一支热心于中小企业且具备专业技能的管理人才，又缺少具有公益意识且有创新能力的高素质人才队伍。同时也缺乏对中小企业人力资源的外在约束机制和监督制度，人才信用问题直接影响到中小企业的公信力，进而影响中小企业可持续发展程度。

（二）中小企业管理人才专业化开发机制不健全

一是招聘渠道比较单一。由于大部分中小企业在人力资源管理过

---

① 段华洽：《公共部门人力资源管理》，安徽大学出版社，2008年版。

程中没有办法依据市场机制提供具有竞争力的薪资，难以吸引中小企业专业化管理人才参与。如果简单地从国有大企业招聘，把国有企业工作方式运用到中小企业人力资源管理中，造成水土不服，工作效率有限。结果不利于调动中小企业员工的积极性和主动性，妨碍中小企业吸纳专业化管理人才能力的提高；中小企业传统管理思维方式和行为习惯容易使组织行为带有较浓厚的国有企业色彩。而内部管理人员虽然熟悉中小企业管理工作，但常常很难进入组织管理岗位，他们参与中小企业人力资源管理缺乏有效的途径。二是缺乏系统性培训。中小企业对于专业性人才的要求不断提高，但是我国中小企业专业人员少、专业能力不强、缺乏系统的培训。具体来讲，中小企业针对管理人才进行专业知识与技能的培训远远不足，这就使得中小企业的服务活动缺乏专业性和有效性，结果是中小企业难以扩大影响力，因而中小企业自我发展和运作的空间也就较为有限。三是激励机制不完善。良好的激励机制是促进中小企业管理人才发挥能动性、积极投身中小企业的必要条件。目前中小企业对管理人员激励的方式还是延续传统的政治动员和物质激励的方式，激励形式比较单一，激励力不强。因此，多元化激励机制创新性不足是中小企业人力资源管理过程中必须面对的又一个难题。

（三）中小企业人才队伍建设配套体系不完善

目前我国中小企业和管理者利益关系界定不清，对责任与义务比较模糊，制度约束相对薄弱，聘用契约不完善，基于心理契约的信任关系难以建立，管理者职业操守和行为准则尚未统一规范等，对于管理者的岗位聘任、社会保障、劳动保护、权益保护缺乏法律依据。此外关于职业经理人制度建设的政策比较宏观，缺乏具体的操作措施；

管理队伍缺乏有效监督，公信力备受质疑等问题，也影响着中小企业人才队伍的健康可持续发展，难以与我国经济社会发展的新常态、新要求相适应。

三、国外职业经理人制度建设的典型经验

准确认识国外职业经理人制度的典型经验，总结职业经理人制度的建构规律，是有效探讨中小企业职业经理人制度问题的重要基础。本部分旨在科学地总结欧美亚地区典型国家职业经理人制度建设的成功模式和典型经验；结合中小企业组织建设和发展的实际，反思职业经理人制度的现实困境，总结提高职业经理人队伍水平的基本原则，从而为解决中小企业职业经理人才队伍建设和发展问题提供基本思路。

（一）美国职业经理人制度

美国的职业经理人制度比较健全，主要特征表现在以下方面：一是完善的职业经理人市场体系。美国职业经理人市场组织比较完备，分为政府指导系统，即联邦政府和地方州政府宏观上从法律法规和政策制度方面指导职业经理人市场体系建设，如强化职业经理人定期报告制度和收入监管制度；企业主体系统，由各类企业构成职业经理人人力资源需求体系；职业经理人系统，职业经理人通过人力资源供求机制和竞争机制在平等自由的市场环境下双向选择就业；支持系统，即由职业中介机构、猎头公司、独立的审计组织和其他社会组织构成的辅助职业经理人人才供求的系统。二是灵活的职业经理人激励制

度。除了传统的"基本工资+年度奖金"的薪酬制度外,美国企业善于通过股票期权(在约定的期限内,享有以某一预先给定的价格购买一定数量本企业股票的权利)的方式激励职业经理,这一部分平均占职业经理人报酬的近50%。[①]三是内在的职业经理人道德约束。在职业经理人制度发展过程中,规避职业经理人管理风险的不是靠外在的刚性制度监督,而是靠职业经理人内化于心的职业道德规范:为受雇企业创造财富,而非据为己有。久而久之,存在于职业经理人内心的道德约束也逐渐化为信仰文化和伦理规范,正好弥补了出资人对职业经理人监督的空白点。四是良好的社会文化氛围。在美国,除了赋予证监会、雇员、律师等对职业经理人的监督检举权利外,职业经理人市场本身的竞争性即监督职业经理人的有效方式。一旦某个职业经理人违背职业规范和受托责任,以权谋私,其声誉就会受到严重影响,再次受雇其他企业的机会将微乎其微。

(二)日本职业经理人制度

由于特殊的文化背景和历史演化,日本职业经理人制度是以终身雇用、年功激励和内部培育为特征的。一是职业经理人的终身受雇制度。在日本,职业经理人市场并不活跃。原因在于虽然终身雇佣制遭到来自各方面的质疑,但是鉴于出资人的利益和受雇员工的利益同等重要,日本企业往往采取职业经理人终身受雇于一家企业的制度。该制度可能会造成职业经理人思维定势,抑制企业活力,但是因其雇佣的稳定性和长期性,更有利于职业经理人与企业结成荣衰与共的利益

[①] 陈辞:《赵俊燕职业经理人激励制度在国内外的发展现状》,《财会学习》,2008年第10期。

共同体，更有可能激励职业经理人为公司的经营管理终生努力。二是企业和职业经理人一体化的激励制度。在日本，企业非常注重职业经理人的长期激励。因此，往往会采取工作年限、基本工资和业绩奖金相结合的薪酬方式激励职业经理人。在这一薪酬结构中，在企业工作年限越长，未来获得的报酬就越大；业绩奖金所占的比例比较大，且与职业经理人经营管理业绩和对企业的贡献挂钩，业绩越好，贡献越大，业绩奖金也就越高。该激励方式可以有效地把企业效益和个人薪酬很好地结合起来，强化对职业经理人的长期激励。三是职业经理人的内部培育制度。日本企业董事会成员大都由公司各事业部门或工厂的领导人兼任，因此在组织中的作用较弱，而职业经理人的影响力较强，其选聘机制非常重要。在日本终身雇用、年功序列等企业文化的影响下，由于客观上职业经理人市场发育不成熟，加之职业经理人主观上也不愿频繁地流动，因此内部培育和聘任成为日本职业经理人产生的必然选择。

（三）德国职业经理人制度

德国企业股东相对集中，大股东对职业经理人具有较强的控制力和选择权，职业经理人制度特点表现为：一是双重内部管理结构。德国企业内部管理结构表现在"设立了双重董事会制度，即监督董事会和管理董事会。监督董事会由股东代表、雇员代表和独立董事共同组成，负责对管理层的监督。管理董事会的成员称为执行董事，负责公司具体运营，执行监督董事会的决议，负责公司日常运行"[①]。显然职

---

① 侯继山：《职业经理人法律制度的思考》，三亿文库，http://3y.uu456.com/bp-qbsb64ed172ded630b1cb6a6-1.html.

业经理人要受董事会的监督和管理,这有利于强化职业经理人的职业规范。二是注重职业经理人精神层面的激励。德国职业经理人的报酬基本上由基本年薪、年度奖金和津贴组成,组合情况一般为65%的基本年薪,17%的年度奖金以及18%的津贴。[①] 除此之外,值得一提的是德国企业非常注重对职业经理人的社会声誉、职业地位和工作成就感方面的激励,期望通过精神层面的满足感和荣誉感来推动职业经理人勤勉和不懈的工作投入。三是通过法律机制强化职业经理人的监管。德国制定了比较完备的《公司法》《证券法》《职业教育法》《培训条例》《考试条例》等法律法规,通过这一系列法律约束机制强化对企业职业经理人职业资格认证、选聘、任职、管理责任、考核、薪酬等方面进行全方位约束和监管。

四、生态系统视角下的中小企业职业经理人队伍建设对策研究

生态学重点研究的是生物与环境的关系。生态系统是自然界一定空间内生物与环境之间相互影响、相互制约、不断演变、达到动态平衡、相对稳定的统一整体,是具有一定结构和功能的单位。生态系统本身由生物及其周围的环境组成,一方面在生物与环境之间相互作用、相互影响、相互制约,不断地进行着物质与能量的交换,并在一定的时期内处于动态平衡状态。另一方面"生态系统是由许多子系统

---

① 陈辞、赵俊燕:《职业经理人激励制度在国内外的发展现状》,《财会学习》,2008年第10期。

或组分构成的,各组分相互联系,在一定条件下相互作用和协作而形成有序的并具有一定功能的自组织结构。系统发展的目标是整体功能的完善,而不单是组分的增长,一切组分的增长都必须服从于系统整体功能的需要,任何对系统整体功能无益的结构性增长都是系统不允许的"[1]。中小企业职业经理人队伍建设作为一个整体系统,具有内在有序性,要完善职业化的中小企业职业经理人发展机制,包括中小企业职业经理人的社会化资质评价制度、职业经理人劳动力市场建设、职业通道设计机制、人才信用机制建设;健全专业化的人力资源开发机制,主要是基于生涯适应力理论设计,构建和创新中小企业职业经理人专业化的甄选机制、开发和使用机制、胜任力培训机制、一体化流动机制和多元激励机制;立体化的成长环境优化机制,主要从组织机构、政策引导、法律机制、社会保障、有效监督等方面提出了中小企业职业经理人成长的环境优化机制。

(一)职业化的中小企业职业经理人发展机制

职业化体现的是明确的社会分工并形成一个稳定的社会职业阶层。那么中小企业职业经理人队伍建设首要解决的就是职业化的问题。

1. 建立中小企业职业经理人社会化资质评价制度

职业经理人职业资格认证作为职业能力和职业素质的有效证明是保证中小企业甄别人力资源的重要凭证。一是要建立统一的职业经理人资质评价和职业资格认证体系。要打破职业经理人多重认证的尴尬

---

[1] 白晓永:《贵州喀斯特石漠化综合防治理论与优化设计研究》,《贵州师范大学》,2007年版。

局面,彻底清理职业经理人培训市场,建立统一的职业经理人认证标准、统一的职业经理人认证机构、统一的职业经理人培训体系、统一的职业经理人考试测评、统一阅卷和资格证书颁发,并在全国通用。建议把承担职业经理人统一性社会化评价和资质认证的任务交给第一家全国性职业经理人行业组织——中国职业经理协会。二是中小企业要探索建立与全国职业经理人资质评价制度相衔接的行业职业经理人资质评价制度。在尊重统一的职业经理人资质评价和职业资格认证体系基础上,行业要结合中小企业发展实际,形成比较系统的、规范的并富有行业特色的职业经理人资质评价制度。三是建立中小企业职业经理人资格认证年检制度。为了推动建设高水平、专业化的中小企业职业经理人队伍,建议规范中小企业职业经理人职业资格证书有效时间和年检标准,鼓励中小企业职业经理人根据中小企业发展的前沿趋势和职业要求,强化继续教育和自我学习,不断提高职业经理人职业知识、管理技能和职业素质。

2. 加强中小企业职业经理人劳动力市场建设

欧美发达国家职业经理人劳动力市场建设的基本经验表明:只有培育统一、开放、竞争、有序的职业经理人市场,才能为中小企业市场化配置和职业经理人队伍的合理流动提供基本条件。一是完善中小企业职业经理人劳动力市场建设的法律法规和工资指导体系。政府一方面借助法律、法规、规章等法律手段,以法律约束和制度规制的形式尽快完善进入职业经理人市场的资格标准、基本程序、行为规则和退出机制,推动职业经理人劳动力市场可持续发展。另一方面通过规范职业经理人劳动力市场工资指导体系,为中小企业和职业经理人双向选择提供参考性的职业经理人劳动力市场工资信号。二是通过行业协会和职业经理人行业协会,以行业公约、行业规范和行业规章等形式强化行业对职业经理人市场行业自律和内部道德约束。三是建立中小企业职业经理人就业信息数据库。在对职业经理人基本状况、就业需求进行调研和预测的基础上，构建职业经理人就业信息数据库，对职业经理人有着特殊需求的中小企业和行业协会就可以根据信息数据库提供的职业经理人人力资源需求和特征，迅速地找到相应的岗位人选，实现优化配置。职业经理人也可以在就业信息数据库查询与自身需求相匹配的中小企业，实现双选选择。四是健全职业经理人劳动力市场配套体系。只有不断完善职业经理人劳动力市场的中介组织服务体系和社会舆论监督体系，发挥其在信息发布、人才交流、就业服务、全面监督等方面的作用，才能不断地推动职业经理人劳动力市场体系建设。

3. 健全中小企业职业经理人职业发展通道设计机制

留住人才是实现中小企业职业经理人职业化发展的必然要求。因此，提供清晰的职业发展通道，必须健全中小企业职业经理人职业发展通道设计机制。一是设计中小企业职业经理人晋升机制。借鉴企业职业经理人通道设计模式，建议中小企业职业经理人职业发展通道可以分为业务领域和管理水平两个基本通道。业务领域包括高级人力资源经理、高级财务经理、高级行政经理、高级技术经理、高级项目经理五个方面；管理水平可以分为初级、中级、高级、特级等四个职业资格等级。通过打通中小企业职业经理人职业发展通道，为优秀职业经理人提供更高层次的发展平台和更大的发展机会。二是畅通中小企业职业经理人有序退出通道。根据中小企业与职业经理人签订的合同约定，明确中小企业职业经理人退出的基本条件、主要要求和具体程序，建立市场化有序退出机制，通过优胜劣汰、合理流动，畅通中小企业职业经理人有序退出通道，真正实现人力资源的"能上能下"、"能进能退"。

4. 完善中小企业职业经理人信用机制

一是加强中小企业职业经理人信用的自我约束。借鉴美国职业经理人制度强调自我约束的典型经验，建议应该更多地依靠职业经理人内化于心的信仰文化和伦理规范来强化个人信用，让职业道德和职业声誉真正成为职业经理人必须坚守的职业操守，从而更好地推动中小企业可持续发展。二是建立和完善中小企业职业经理人信用档案。为了全面了解和把握中小企业职业经理人的信用情况，必须为职业经理人学历背景、工作经历、职业道德、领导能力、业绩水平等信息进行采集认证建立中小企业职业经理人信用档案。对于中小企业职业经理人要定期通过同行、专家、客户等社会评价方式对职业经理人职业行为信息进行补充建档，加强中小企业职业经理人信用动态更新。三是对中小企业职业经理人进行第三方信用评价。民政部相关部门应聘请专门负责信用评价的第三方公司，通过银行、会计师事务所、工商行政管理、税务等机构及时采集中小企业职业经理人的收入、信贷、履约、纳税等方面的信用信息，进行信用等级评价，出具信用评估报告，对敏感信息进行定期披露，不断调整其信用等级。

（二）专业化的中小企业职业经理人开发机制

专业化是中小企业职业经理人职业化的必然要求和重要途径。因此，需要多元社会组织通过学习、教育、培训、管理等多种方式，对职业经理人进行使用、塑造与发展，发掘其潜力，以实现中小企业的健康发展。基于生涯适应力理论设计，建议构建和创新中小企业职业经理人专业化的甄选机制、开发和使用机制、胜任力培训机制、一体化流动机制和多元激励机制。

1. 坚持中小企业职业经理人市场化选聘机制

市场化选聘机制是职业经理人制度在中小企业实现的重要方式。为了打破中小企业部分领导职务由党政干部兼任的现象，应取消该类组织领导人员的行政级别和编制，逐步打破中小企业经营管理人员的行政任命制，切断中小企业管理人员与行政人员的"血缘关系"，这是推进中小企业职业经理人市场化选聘的前提和基础。一是要建立外部市场化选聘机制。一方面要转变中小企业选人用人的观念，引入市场机制，充分运用职业经理人劳动力市场、职业中介机构、猎头公司等外部渠道，加大职业经理人引进力度，主动寻访适合中小企业发展需要的职业经理人进入中小企业担任经营管理人员。另一方面中小企业职业经理人招聘和甄选工作要坚持公开公正、平等竞争、双向选择、择优录取的原则，通过科学规范的选聘标准和程序，利用先进的人才测评技术，真正把专业知识扎实、专业能力强、职业素养高和管理经验丰富的职业经理人选聘到中小企业中来。二是建立健全内部市场化选聘机制。外部市场化选聘并不排斥从中小企业内部选择职业经理人，我们可以根据中小企业发展需要制订职业经理人选人标准并公开发布招聘信息，面向中小企业内部通过公平竞争的方式选聘职业经理人。这种内部市场化选聘机制有利于把熟悉中小企业发展实际、有真才实学、踏实肯干的职业经理人聘用到企业中来。

2. 建立灵活的中小企业职业经理人使用机制

一是打破常规，加强中小企业职业经理人后备人才队伍建设。坚持不唯书、只唯实（绩），打破传统的学历、地缘、身份、职称等限制，优先提拔使用中小企业基层管理人员，营造中小企业优秀管理者脱颖而出的良好氛围，构建用得上、留得住、后劲足的中小企业职业经理人后备人才队伍。同时提供实习、代理、助理、借调等的多种方式，给任务、压担子，及时跟踪和掌握中小企业后备管理人才的政治素质、工作业绩、学习培训等情况，建立业绩档案，严格考核，优用劣汰，实行动态管理，进而提高中小企业职业经理人发展潜力。二是推进柔性人才使用机制。鉴于中小企业管理队伍发展的实际情况，应该采取相应措施，根据"不为我所有，但为我所用"的原则，充分利用现代信息技术的优势，鼓励国有企业、民营企业、外资企业和其他社会组织职业经理人队伍支援中小企业建设和中小企业发展，鼓励优秀职业经理人以兼职、短期服务、项目攻关、合作研究等多种形式充实到中小企业职业经理人队伍中来，推动中小企业可持续发展。三是完善中小企业职业经理人问责机制。制订符合行业实际的《中小企业职业经理人评价指标体系》，完善中小企业职业经理人考核机制，强化问责制度。明确职业经理人的岗位责任和奖惩机制，让中小企业职业经理人考核有章可循、有据可依，使得问责规范化、透明化和常态化。考核结果不仅作为中小企业职业经理人选拔任用的重要依据，而且要在中小企业职业经理人队伍中形成一种"违规即追究""失职即问责"的内在驱动机制和考核氛围。同时坚持涉及中小企业职业经理人决策的重大问题进行信息公开，给利益相关者充分的知情权和参与监督的机会，并充分发挥社会团体、新闻媒体等组织的社会监督作用，接受群众质询，把利益相关者质询制度化和程序化。

3. 创新中小企业职业经理人胜任力培训机制

正如上述对职业经理人个性特征的分析，要成为中小企业优秀的职业经理人需要具备多种胜任力，而教育培训是其中重要的途径之一。一是整合胜任力培训资源。针对胜任力初级培训，在大力强化民政部培训中心（北京社会管理职业学院）、国际职业经理人学院、中国职业经理人协会培训专业委员会主阵地基础上，充分整合地方高等院校、职业院校及其他管理培训基地在中小企业职业经理人培训方面的资源优势，多点布局以中小企业发展、文化传承、社会治理等为主题的实践教学基地，开展本土化的中小企业职业经理人胜任力培训。针对胜任力提升培训，要注重选派中小企业职业经理人到高校商学院或者公共管理学院专门培训机构开展旨在提高经营管理能力的研修培训。二是优化胜任力培训内容设计。根据中小企业职业经理人胜任力特征，删减大众化、边缘性较强的课程，增加中小企业治理体系和业务管理等方面的内容，优化教育培训课程内容，建设胜任力培训精品课程。在胜任力培训课程学时设置方面，删减理论讲授学时，增加实践学时，有针对性地提高中小企业职业经理人职业素质、文化素质、科技素质和管理素质，提高治理能力现代化水平。三是改革胜任力培训方式。结合中小企业职业经理人培训中涉及的理论课程、经营管理课程、社会治理课程、行业技术课程的不同特点，分类探索适宜的教学方式，如专题教学、案例教学、项目教学、行业专家进课堂、体验式教学、职业情景项目行动教学，创新考核评价方式，提高中小企业职业经理人参与胜任力培训的积极性，强化其战略思维、管理能力、创新能力和领导能力，增强对行业的忠诚度和归属感。

4. 健全中小企业职业经理人合理流动机制

中小企业职业经理人培养要根据他们的个人特长和岗位特征，结合职业发展、任职经历和工作经验等实际情况，有针对性地开展上挂锻炼、下派任职、轮岗交流等实践锻炼方式，健全上下衔接、同级互动的合理流动机制。上挂锻炼，一方面加大中小企业职业经理人到东南沿海地区和内地发达地区挂职锻炼的力度，把中小企业职业经理人岗位配置与提高经营管理和社会管理等胜任力结合起来，不断提高中小企业职业经理人发展行业的治理能力。加大中小企业职业经理人到政府机关、国有企业和其他社会公益组织挂职锻炼的力度,有针对性地把中小企业职业经理人安排到重要部门和关键岗位上培养锻炼,提高他们职业生涯发展能力和岗位转换能力。下派任职,即对缺乏行业工作经历的中小企业职业经理人,及时安排到一线挂职锻炼,尤其是有计划性地选调有发展潜力的中小企业职业经理人到"急、难、险、重、繁"的岗位进行锻炼,通过压担子、挑重任,增长任职经历,大力提升驾驭复杂局面的能力,造就中小企业关注公益、业务过硬、干事创业的职业经理人。轮岗交流,即针对部分中小企业职业经理人工作经历单一的实际情况,有计划、有组织地把他们安排到工作艰苦、环境复杂、任务艰巨的单位或部门任职,促使其参与重大项目和重要决策,搭建中小企业职业经理人成长和发展平台,丰富各类岗位工作的实践经验。

5. 完善中小企业职业经理人绩效考核激励机制

要实现职业经理人的多元激励,首先要建立健全以经营管理效率为导向的中小企业职业经理人硬性绩效考核机制。在聘任后,中小企业要与职业经理人签订绩效考核协议,将岗位设计、绩效目标、关键指标、聘任期限、工资福利、履职方式、具体职责范围等一系列内容合同化,明确约定职业经理人的责权利,便于绩效考核和目标激励。通过硬性的绩效考核制度,不仅能有效反映中小企业职业经理人的职业能力和工作成效,还可以将考核结果与中小企业职业经理人的职务晋升以及薪酬福利紧密挂钩,实行"岗位能上能下,收入能增能减"的动态考核机制。为了突出经营管理效率导向,增强量化考核方式,一是可以引入目标管理方式,以目标指标方式明确中小企业职业经理人的指标要求、薪酬福利等情况,通过实行严格的目标管理考核,能者上,庸者下,切实激发职业经理人的工作能力和发展潜力,真正实现激励的"硬约束"。二是可以引入360度考核法、平衡计分卡等评价方法，从出资人、管理人、受益人等角度将经营管理效益、客户满意度、职业经理人个人学习与发展、内部流程等指标纳入考核体系，健全中小企业职业经理人绩效管理体系。这样既可以关注当期业绩，也可以着眼可持续发展；既可以关注经营效益，也要注重职业经理人的个人成长。

6. 推进中小企业职业经理人的心理契约管理机制

对中小企业和职业经理人之间权利、责任、利益做出书面和正式的约定，固然有利于明确中小企业职业经理人的工作目标和行为取向，但可能无法从内心深处改变职业经理人对提高中小企业经营管理效率的价值观和动机。心理契约作为雇主和雇员之间相互理解、相互信任和相互期望的非正式和隐含的契约，对于改变中小企业职业经理人的价值理念、个体行为及工作态度具有重要的意义。因此，推进中小企业职业经理人的心理契约管理势在必行。一是从中小企业的角度做好职业经理人的职业生涯规划工作。要根据职业经理人的兴趣、能力以及价值观等，和他们一道明确职业定位、设立职业目标、进行职业生涯阶段设计、强化职业规划实施并根据中小企业发展的内外部规划不断调整，使得中小企业职业经理人能够有良好的职业生涯发展和晋升平台，提高他们的内在动力和工作积极性。二是从职业经理人的角度做好心理诉求实现机制和心理沟通工作。除了满足职业经理人合理的物质报酬和安全保障之外，中小企业要充分做好职业经理人社交需求、权力需求、尊重需求和自我实现需求的心理调研工作，根据不同层次不同阶段的心理需求特征，有针对性地采取心理诉求实现策略，建立职业经理人内在激励的"软约束"。如给予职业经理人参加行业协会和中小企业管理活动的权利，满足他们的社会交往需求；赋予中小企业职业经理人独立行使中小企业日常管理的权利，且不受其他外在非正常的干扰，满足他们的权力欲望需求；建立适应中小企业职业经理人自主工作性特点的隐性报酬，满足他们受尊重的需求；关注中小企业职业经理人职业发展潜力、工作创造性以及主动性，从而满足他们自我实现的需求。此外，为了有效解决职业经理人心理需求满足偏差问题，中小企业必须及时与职业经理人做好心理沟通，共同寻找问题产生的原因，并制订解双方可以接受的对策，实现中小企业管理效益和职业经理人发展的双赢。

（三）立体化的中小企业职业经理人成长环境优化机制

根据新制度经济学理论，从组织机构、政策引导、法律机制、社会保障、有效监督等方面提出中小企业职业经理人成长的环境优化对策。

1. 在国家发展和改革委员会中小企业司设立人力资源开发处

鉴于国家发展和改革委员会中小企业司组织拟订促进中小企业发展政策的政府职责和中小企业日益复杂性和重要性的特点，建议在该司专门设立人力资源开发处，目的是促进中小企业职业经理人的职业化、专业化和市场化。主要职责是研究中小企业人力资源开发面临的重大问题，统筹中小企业人力资源的资格认证、市场准入、职业发展、劳动保护、教育培训、社会保障、薪酬制度等方面的政策顶层设计。制订针对中小企业发展的相关法律法规和政策制度，明确中小企业职业经理人在职业选择、收入分配、就业促进、职业辅导、开发培训等方面的具体权利和义务关系。

2. 加大中小企业职业经理人发展的政策支持力度

为了落实中央关于"建立职业经理人制度,更好发挥企业家作用"的重大决策,必须加大中小企业职业经理人发展的政策支持力度,制订具体的扶持政策。一是拓展中小企业职业经理人的选拔渠道。建议国家支持部分高校或者高等职业学院设立职业经理人试点专业,并在招生、就业、人才培养和经费方面给予政策倾斜,为中小企业发展源源不断地输送具有职业经理潜力的管理人才。二是提高职业经理人培训经费增长比例。为了提高中小企业职业经理人教育培训的实效性,必须建立职业经理人教育培训经费增长机制,不断根据经济发展水平提高其在地区 GDP 中的占比。同时在强化地方财政支持和中央专项培训资金投入的基础上,不断拓展企业投资、社会捐赠、私人投入等融资渠道,强化对中小企业职业经理人人才资源开发的投资。

3. 配套完善中小企业职业经理人发展相关法律法规

针对中小企业和职业经理人权利赋予和义务约束相对薄弱的问题,建议起草针对职业经理人人力资源开发的相关法律法规和政策制度,如《职业经理人法》。通过立法或政府途径,尽快完善相关法律法规,规范中小企业与职业经理人的平等法律地位、权利与义务,重点解决劳动合同、就业促进、工伤保险、权益保护等问题;同时对于职业经理人违背职业操守的行为给予有效惩罚。在职业经理人教育培训方面制订相应政策和法规,倡导向职业经理人开放学校教育资源,充分体现教育资源的社会共享,而且鼓励社会组织投资职业经理人教育和培训,并给予财政补贴。

4. 完善中小企业职业经理人社会保障制度配套建设

一是要关心中小企业职业经理人的生活和发展,在户籍办理、职务晋升、福利待遇、子女受教育和就业、医疗保障、成人教育、住房购置等方面采取套餐式、个性定制式服务，实施倾斜政策和优化措施，为职业经理人生活和工作创造良好的条件，让他们能够更好地扎根中小企业中干事创业。二是完善中小企业职业经理人经济补偿制度。按照不同区域的实际情况和国民经济社会发展水平，建立行业一次性经济补助标准的区域核定制度和增长机制。实施该倾斜政策的目的是鼓励职业经理人投入中小企业经营管理中并长期扎根中小企业。

5. 发挥社会公众对中小企业职业经理人的有效监督

一是从监督主体上来看，中小企业职业经理人信用不仅要靠内部的自我约束，而且还要强化行业组织（如职业经理人协会、企业家联合会等）、大众媒体、普通公众和其他利益相关者对中小企业职业经理人的外在监督，这有助于形成良好的社会信用，对激励职业经理人为中小企业可持续发展进行长期行为具有较强的现实意义。二是从监督方式上来看，建议通过中小企业职业经理人重大决策事项问责制、重大信息披露制等一系列制度，整合职业经理人的业绩档案、诚信记录、薪酬水平等敏感信息，通过定期审计和不定期审计等方式强化对职业经理人的有效监督与道德约束。

第十三章　中小企业吸纳退役士兵就业问题研究
——生态关系管理方法的应用

党的十八届三中全会通过的《关于全面深化改革若干重大问题的决定》指出，要完善退役军人安置制度改革配套政策。近年来，全国各地每年接收安置退役士兵五十多万名，这个特殊而庞大的群体就业安置直接关系到社会和谐稳定、国防和军队建设。目前人们更多关注大学生就业、农民工就业、下岗职工就业问题，往往忽视退役士兵就业的重要性。中小企业是吸纳退役士兵、解决就业问题的主渠道，通过教育培训来提升退役士兵职业能力和产业素质既是实现退役士兵人力资本开发，从根本上解决退役士兵就业安置问题的关键环节，又是进一步促进军政军民团结、服务国防和军队现代化建设的重要内容。

一、中小企业吸纳退役士兵就业面临的主要问题

（一）退役士兵职业教育培训实效性有待提升

教育培训是退役士兵人力资源开发和就业促进的重要手段。目前退役士兵人力资源教育培训实效性还不尽如人意。主要表现在退役士兵人力资源培训机构不健全。调研发现，退役士兵人力资源培训更多的是依靠政府教育培训机构。由于组织培训的动力不足，导致培训形式单一，培训效果不佳。各类培训机构因缺乏一定的准入标准，进入人力资源培训行业还有一定难度。总之，退役士兵人力资源教育培训尚未建立一套立体化的培训机构体系，从而影响了该类群体人力资源培训数量与质量。另一方面是退役士兵人力资源教育培训体系不完善。由于对退役士兵人力资源未有明确的定位，缺乏从组织、岗位和个人层面进行大量翔实的培训需求调查，导致退役士兵教育培训的内容与人力资源的需求存在较大的差距。在退役士兵人力资源教育培训规划和实施方面，由于缺乏系统的培训设计，缺乏实用性的培训教材、缺乏行业实践的培训师资、缺乏科学性的培训课程设计、缺乏多样化的培训方式，往往无法调动参训学员的积极性，再加之缺乏有效的培训评估和应用、培训经费得不到有效保障，常常使得退役士兵人力资源教育培训大打折扣。

（二）退役士兵就业促进机制不完善

在促进退役士兵就业过程中，政府理应积极地创造良好的就业制度环境和就业公共服务条件。如果这些基本的保障不能实现，退役

士兵参加教育培训的积极性就会大打折扣,在就业过程中就不能真正实现有效就业和长效就业。目前退役士兵就业中存在如下问题:一是专门针对退役士兵的劳动力市场还不健全。国家投入大量的人力、财力和物力着力解决退役士兵人力资源招聘问题,但人力资源市场中针对退役士兵就业的工作岗位比较少,专业化和网络化人力资源供需平台比较缺乏,退役士兵人力资源就业信息数据库还没有很好地建立起来,人力资源供需对接乏力。二是退役士兵自主就业创业服务环境还有待进一步改善。退役士兵自主就业创业,离不开优质的公共服务。但是在自主就业实践中,客观上不仅缺乏针对退役士兵的就业项目,而且部分企业还缺乏接收退役士兵的经济动力;主观上很多退役士兵因一次性退役金和经济补偿标准较低且区域不平衡,自主就业的积极性不高。在自主创业过程中退役士兵常常因为项目审批、工商登记、税务办理等行政程序要跑很长时间,"门难进""脸难看""事难办"的情况还时有存在,这不利于退役士兵的自主创业。同时退役士兵自主创业风险较大,社会保障制度还不健全,难免在创业实践过程中有后顾之忧。

(三)退役士兵和企业参与教育培训的积极性不高

在实践中,很多政府投入巨额经费为退役士兵职业教育培训"埋单",但退役士兵不"买账",许多职业教育培训项目出现"叫好不叫座""档次高而吸引力弱"的尴尬局面,使职业教育培训实效性大打折扣,退役士兵得到的实惠非常有限。主要原因在于:一是退役士兵职业教育培训意识有待提高。退役士兵忙于生计,对职业教育培训信息关注不够,对自身的职业发展定位和生涯规划不明确,导致参与职业教育培训的主动性和积极性不高。二是职业教育培训流程设计有待完善。因缺乏对退役士兵的需求分析，导致职业教育培训内容设计与实际诉求脱节；囿于传统的灌输式教育，培训形式过于单一；由于没有系统的评估体系，使得职业教育培训无法可持续发展，结果退役士兵的参与积极性大打折扣。三是中小企业参与退役士兵教育培训的积极性有待加强。虽然国家和相关政府部门近年来出台了许多政策强化中小企业和退役士兵参与职业教育培训，但具体针对退役士兵和中小企业参与职业教育培训项目的意见和配套的操作政策还不够完善；因经费限制，企业参与退役士兵职业教育培训的积极性还比较低。

（四）退役士兵教育培训和就业促进缺乏有效的整合

退役士兵就业工作具有战略性、政治性、复杂型和创新性等一系列特征。但由于退役士兵教育培训和就业促进缺乏有效的整合，导致退役士兵行业实践能力不够，就业竞争力总体不高。主要表现在一是退役士兵教育培训和就业促进各自为政，没有很好地衔接。在退役士兵人力资源开发过程中，开发者往往过分重视退役士兵的知识和行业技能的培训和提高，忽视了核心问题——就业，缺乏退役士兵教育培训和就业促进的融合、创新和发展，影响了退役士兵就业工作可持续发展。二是退役士兵教育培训和就业工作主体责任缺乏有效的融合。从退役士兵教育培训和就业服务的管理工作看，主体多元化趋势十分明显，其职责分布在国防部、民政部、教育部、财政部、国家税务总局、人力资源与社会保障部等不同职能部门。但现实中各个主体权责不明晰，常常不同主体因职能重叠，结果各自为政，自成体系，合作程度不高，缺乏有效的资源整合机制和退役士兵人力资源开发规划，造成互动不足、衔接不够，无法高效进行退役士兵教育培训和就业协作。

二、中小企业吸纳退役士兵就业的教育培训模式创新研究

在生态学理论中,关系观是一个非常普遍而重要的概念。任何物种、种群都与其他物种、种群存在着相互依存、相互制约、相互影响的作用关系,这些相互关系构成了生态系统的关系网络。常见的是:①食物链。在生态系统中,生物之间以食物营养关系形成一系列捕食者与被捕食者的关系,在这种序列关系中能量和营养素在不同生物间逐级传递形成稳定的关系。同时捕食者与被捕食者的数量保持相对稳定的比例。②竞争。自然界中资源是有限的,生物之间常常因为争夺有限资源而发生争斗,这促使不同生物的生态特性得到强化,结果生物群落便形成了比较稳定的结构。在这个生态结构中,生物间的竞争关系可能趋向缓和,每个物种各得其所、互不相扰。③互利共生。生态系统的生物在竞争的同时往往为了共同的目标,同舟共济、团结协作,共同分享和利用有限的资源,形成一个完整的共同体,在与生态环境相互适应的过程中不断演化和发展。这些不同种类的关系使生物群落形成了错综复杂又相对稳定的生态结构。针对中小企业吸纳退役士兵就业面临的现实困境,本书根据生态关系原理并结合不同地区和退役士兵实际情况,探索出学分制银行模式、校企深度合作模式、区域协作模式操作样板。基于现实需要,通过比较研究方法进而探讨了不同模式的实施原则、适用条件、难点阻力和配套机制等问题。期望在一定程度上把握退役士兵职业教育培训的一般规律,从而为中小企业吸纳退役士兵就业提供现实参考。

（一）学分制银行模式

1. 模式简介

为了克服固定学习和传统学期制的缺陷，中小企业退役士兵职业教育培训的学分制银行模式是指借鉴商业银行的基本功能和存储汇兑特点，以累积学分、学分替代和弹性学习的形式让退役士兵在职业教育培训过程中自主选择培训内容、培训时间、培训地点以获得一定学分换取学历文凭的一种新型学习培训模式。

2. 优势劣势

（1）优势分析。除了提高技能和获取文凭外，中小企业退役士兵职业教育培训的学分制银行模式优势在于以下几个方面：一是学习时间灵活。根据学分制银行模式的内在规定性，退役士兵获得毕业证书的依据是学分，因此允许学员打破学期制的约束，学习时间可长可短，可集中也可中断，这就意味着既可以在繁忙时节工作生产，又可以在闲暇时节集中学习培训，充分考虑了退役士兵的职业特点和生产生活规律。二是学习形式多样。学分制银行模式根据退役士兵纪律性强、动手能力强，接受新事物快的特点，强调理论与实践相结合，形式既可以理论教学，也可以实践教学；既可以课堂教学，也可以远程教学；既可以集中性地采取课堂讲授、小组讨论、现场教学、案例分析等形式，也可以分散性地利用 MOOC 资源、互联网资源进行自主学习。这可充分调动退役士兵的自主性，增加学习乐趣，有利于提高参与动力和学习效率。三是学分构成多元。退役士兵职业教育培训的学分既可以是课程学分，也可以是相应的从业经历、职业技能和学习培训经历、表彰奖励而获得的认定学分，只要参与的学员经相关机构认定后，都可折算成相应学分，并存入"学分银行"，随时支取，这就打通了学历教育与非学历教育之间的沟通平台，为退役士兵提供提高技能与获取文凭的机会。

（2）劣势分析。一是可能存在延迟毕业现象。退役士兵职业教育培训的学分制银行模式由于强调的是弹性学分制（2—6年），因此虽然正常毕业可能是3—4年，但参与学习的学员可以不受时空的制约自主选择学习年限。但一部分学员会因故中途就业然后继续就学，或无限期推迟毕业，甚至无法毕业。这可能就会造成认识误区：要么认为该模式不正规，要么认为该模式不容易（很难完成学业）。二是可能出现"凑学分"现象。学分制银行模式鼓励退役士兵充分考虑自己的时间和能力自主修读不同的课程，按照公共基础课、专业核心课和能力拓展课的学分要求，只要累积学分达到相应要求，就可以获得相应学历文凭。退役士兵的"算计"理性会促使他们就易避难，选择可以轻松应对、容易通过的课程，或者简单地以认定学分获取课程学分，造成"凑学分"现象，结果就会降低职业教育培训实效性，影响退役士兵职业人才培养目标的达成。

3. 适应性分析

通过比较分析，退役士兵职业教育培训的学分制银行模式的实施原则、适用条件、难点阻力和配套机制如表13-1所示。

（二）校企深度合作模式

1. 模式简介

在经济发展的新常态下，面对退役士兵"就业难"与企业"用工难"的双重困境。根据洪贞银教授的观点，退役士兵职业教育培训的校企深度合作模式是指根据企业人力资源需求实际和退役士兵劳动力

表 13-1　学分制银行模式的操作要点

实施原则	适用条件	难点阻力	配套机制
1. 自主选择原则 2. 学分互认原则 3. 累积学分原则 4. 课程优化原则 5. 弹性学习原则	1. 区域职业教育培训资源丰富。 2. 职业教育培训机构的办学机构资质应符合相关要求（一般应具备连续10年以上的涉农专业办学资历）。 3. 职业教育培训机构教学管理制度健全，教学资源丰富，教学水平突出。 4. 政府完善而强有力的政策支撑体系。 5. 退役士兵有强烈参与职业教育培训并获得学历文凭的愿望。	1. 学生专业、课程、任课教师、学习时间、修读方式自由选择导致教学资源紧张，教学管理难度增加。 2. 退役士兵职业期望值高，导致教师教学改革压力大。 3. 完全学分制和专业间、学校间、地区间以及学历教育与非学历继续教育间的学分互认，缺乏普遍公认的折算办法。 4. 退役士兵来源多元化专业多样化与学制的弹性化，导致学员管理难度加大。	1. 针对职业教育培训教学质量，有完善的政府和第三方教学水平评估机制。 2. 政府加大政策支持力度，推进区域间、校际间学分互认机制。 3. 职业教育培训机构具备完备的招生录取制度、学历教育与非学历继续教育间学分转换制度、完全学分制、认定学分折算制度、网络选课制度。 4. 职业教育培训机构教学内容、教学方式和考核方式改革创新机制和激励机制健全。 5. 健全的学员导师制度和辅导员制度以及完善的教学管理监督机制。

群体的特点，职业教育培训机构和企业全方位地进行合作，即校企双方要在人才培养方案的制订、课程体系的构建、教学内容的选定、实训基地建设、实践教学的组织实施、师资培养等方面进行深入的合作，共同参与退役士兵职业教育培训，全面提高人才培养质量的过程。

2. 优势劣势

（1）优势分析。从职业教育培训机构、企业、深度合作几个关键词来分析，退役士兵职业教育培训的校企深度合作模式优势主要体现在以下几个方面：一是实现资源共享，优势互补。职业教育培训机构拥有丰富的实训基地、先进的实验设施、精干的职教师资、大量的科研成果、科学的教学模式等职业教育资源，企业拥有充足的生产车间、技术精湛的研发人员、经验丰富的经营管理人员。因此退役士兵职业教育培训的校企深度合作模式更容易实现二者资源共享，有利于节约教育与企业成本，相互借鉴，取长补短。二是有利于推进产教融合，贴近企业岗位需求制订退役士兵人才培养方案。在退役士兵职业教育培训的校企深度合作模式下，职业教育培训机构强调"从出口往回找"的基本思路，通过对企业主要岗位群、核心任务和核心能力的深入调研与有效梳理，然后与企业共同研究确定退役士兵职业教育培训的人才培养目标、培养模式、教学内容、课程设置、实践教学、培训教材等各个环节，有利于培养符合用人单位实际需求的退役士兵。三是有利于师资互派，工学交替。一方面，退役士兵职业教育培训的校企深度合作模式要求企业技术管理人员承担职业教育培训机构的实践教学任务，指导退役士兵技能训练，而职业教育培训机构主动承担企业项目研发和员工继续教育培训任务，这有利于提高退役士兵应用型实践能力和企业员工的可持续发展。另一方面该模式强调工学交替，退役士兵既是在校学员，又会利用课余或者其他空闲时间到企业进行实践锻炼，这搭建了退役士兵理论联系实际的平台，构筑了企业文化和校园文化融合的桥梁，有利于实现退役士兵与企业实践的无缝对接。

（2）劣势分析。一是退役士兵职业教育培训的校企深度合作模式"简单化"现象。很多人对校企深度合作模式的多样化还了解不够，简单的认为就是为企业定向培养人才。这可能导致很多退役士兵对所谓订单性用人单位不感兴趣，导致这些学员学习主动性差、积极性不高，甚至出现部分学员签约后违约，与订单企业产生经济纠纷。即使退役士兵愿意参与订单培养，也有可能因为产业迅速调整，企业对退役士兵的需求发生变化,导致用人企业的积极性大打折扣。二是校企深度合作可能因为利益的异化导致"表面化"现象。在退役士兵职业教育培训方面,企业由于功利化的价值取向,可能存在在校企合作中为自己储备人力资源甚至使用廉价劳动力的思想,职业教育培训机构也可能局限于退役士兵技能训练而无法保障退役士兵职业能力和综合素质全面而可持续的提高。

3. 适应性分析

通过比较分析,退役士兵职业教育培训的校企深度模式的实施原则、适用条件、难点阻力和配套机制如表13-2所示。

表13-2 校企深度模式的操作要点

实施原则	适用条件	难点阻力	配套机制
1. 政府统筹原则 2. 合作双赢原则 3. 资源共享原则 4. 文化融合原则 5. 系统整合原则	1. 政府对退役士兵职业教育培训比较重视,统筹力度大。 2. 政府出台相关法律政策从人力、财力、物力支持职业教育培训校企深度合作。 3. 地方农业产业基础雄厚,企业对退役士兵有大量的岗位需求。 4. 职业院校校企合作有良好的历史基础,掌握其运作规律。 5. 退役士兵愿意参加职业教育培训。	1. 退役士兵职业教育培训校企合作可能存在多头管理。 2. 职业教育培训机构和企业之间各要素缺乏全面的有效整合。 3. 企业参与退役士兵职业教育培训发展的动力不足。 4. 退役士兵参与职业教育培训校企深度合作模式的积极性性不高。 5. 职业教育培训机构和企业深度合作缺乏长效机制。	1. 加强政府统筹,出台相关现代职业教育法律法规,完善校企深度合作的长效机制。 2. 建立职教师资与企业技术管理人员交流机制。 3. 完善校企资源共享、利益分享和成本分担机制。 4. 建立校企文化融合机制。 5. 建立退役士兵参与校企深度合作的激励机制。 6. 构建职业教育培训机构与企业之间的协作共商机制。

（三）区域协作模式

1. 模式简介

退役士兵职业教育培训的区域协作模式是不同区域之间的职业教育培训机构，根据区域经济发展的不平衡性、区域资源的优势互补性和退役士兵的个性特征，"充分发挥政府、市场、人脉关系的作用，突破地区、部门的限制而形成的部门之间和学校之间在生源、教师、信息、专业建设、课程、教学、实训基地等方面相互作用"[①]，资源共享和共同合作的良好状态，从而实现退役士兵职业能力和统筹区域均衡发展的职业教育培训模式。

2. 优势劣势

（1）优势分析。退役士兵职业教育培训的区域协作模式的实质在于区域之间的互利互惠和合作共赢。一是有助于提高退役士兵现代化农业就业能力。一般来讲，退役士兵职业教育培训的区域协作模式主要适用于发达地区与不发达地区的协作，运作模式是先在不发达地区农村招生，然后在当地学习1—2年的基础知识，然后到发达地区学习专业知识、职业技能并进行行业实习，学成后回到不发达地区。因此，该模式可以借助发达地区的就业容纳力和优质的职业教育培训资源，促进不发达地区退役士兵通过接受职业教育培训现代化农业就业能力。二是有助于提高不同区域的职业教育培训水平。退役士兵职业教育培训的区域协作模式更多地通过捆绑式发展的方式实现不同区域之间教育管理、教学范式、实践教学、师资交流等方面的优势互补。这有助

---

① 胡秀锦：《区域职业教育合作模式与实现机制研究》，《教育发展研究》，2012年第19期。

于不同区域的职业教育培训机构相互借鉴对方的教育教学理念,提高职业教育培训的实效性,师资交流等方式更进一步加强了不发达地区农村职业教育培训机构的师资力量,有助于提高农村职业教育培训质量。

(2)劣势分析。一是退役士兵职业教育培训的区域协作模式中的区域协作对象选择难度大。在实践中,该模式的协作对象选择往往依赖于个人的人脉关系,有很大的随意性,缺乏全面的调研和统筹的考虑,存在区域协作模式不固定、合作松散、缺乏制度约束等问题,尤其是一旦负责人发生变更,就可能导致区域协作中止。政府职能缺位是导致这一问题的根源所在。二是退役士兵职业教育培训的区域协作模式比较复杂,操作烦琐。该模式不仅要考虑区域之间退役士兵人力资源构成、区域文化、师资力量、教材选用、专业建设、课程教学、实践教学等协作要素的全面对接,还要考虑政府、职业教育培训机构、企业和退役士兵等主体的有效衔接和良性互动,尤其是区域各主体的利益协调。因此,该模式在实践运作过程中有一定的难度,需要投入大量的人力、财力和物力。

3. 适应性分析

通过比较分析,退役士兵职业教育培训的区域协作模式的实施原则、适用条件、难点阻力和配套机制等见表13-3。

三、中小企业吸纳退役士兵就业的教育培训保障机制研究

职业教育培训具有较强的公益性特点,要完善退役士兵教育培训

表 13-3　区域协作模式的操作要点

实施原则	适用条件	难点阻力	配套机制
1. 政府驱动原则 2. 互利互惠原则 3. 资源优化原则 4. 形式多样原则 5. 协调发展原则	1. 区域经济社会发展不平衡。 2. 区域职业教育培训资源可以互补。 3. 政府主动推进退役士兵职业教育培训区域协作。 4. 区域协作基础比较好。 5. 退役士兵愿意参加区域职业教育培训协作。	1. 区域之间退役士兵职业教育培训协作的动力问题。 2. 如何实现政府、职业教育培训机构、企业和退役士兵等主体的有效衔接。 3. 区域协作的深度和广度有待提高。 4. 区域之间缺乏有效的沟通协调机制。 5. 区域利益平衡和共享机制。	1. 加强政府统筹，完善区域协作的激励机制。 2. 建立多元主体有效衔接机制。 3. 推进区域各要素之间的深度协作机制。 4. 建立区域协商机制。 5. 构建区域利益分享和风险共担机制。

的保障机制，必须加强政府统筹，充分发挥政府宏观调控和统筹协调的主导作用，正确处理好政府、企业、退役士兵、教育培训机构、社会组织等不同主体的目标协调和多元互动关系，建立政府针对退役士兵教育培训的社会治理体系。

（一）创新退役士兵教育培训的政府治理机制

一是要提高政府公共服务的能力。逐步推进退役士兵免费职业教育培训模式，出台现代职业教育培训法律法规，完善退役士兵教育培训长效机制，健全各类主体参与教育培训的激励机制。创新户籍、社会保障、财政、税收和就业等方面的城乡一体化体制机制，为退役士兵教育培训提供良好的制度安排。二是创新政府购买退役士兵教育培训服务的公开招标机制。要提高退役士兵教育培训的实效性，可以对退役士兵教育培训服务面向定点培训机构向社会实行公开招标，明确办学资质和办学水平、鉴别实训基地的实用性和实训设施的先进性、施教师资的雄厚性、培训规划的科学性、教学管理制度的健全性等，然后根据各培训机构职业教育培训的针对性和实用性、培训工作业绩和就业推荐等关键指标，确定合适的施教机构。三是健全以政府财政为主的退役士兵教育培训经费投入的多元筹资机制。一方面，地方财政要专列退役士兵教育培训科目，纳入每年的财政预算并建立正常的经费投入增长机制，主要用于培训费、实训费、生活费、技能鉴定费等专项支出；中央财政根据各地财政状况和教育培训绩效等情况予以专项经费补贴并向经济欠发达地区倾斜。另一方面，为了缓解目前退役士兵教育培训经费的不足，可以建立企业投入、个人垫付、社会组织捐赠的多元筹资机制。四是完善退役士兵教育培训目标指标绩效管理体系。采取定期和不定期的形式对各教育培训机构的退役士兵教育培训绩效进行多主体、多维度的评估，奖优罚劣，并把就业促进结果纳入地方政府政绩考核。

（二）建立企业参与退役士兵职业教育培训的激励机制

一是采取多种优惠措施鼓励企业单位投资兴建职业院校、企业大学和培训机构，形成以政府教育培训中心专门机构为主体，以高等院校、职业院校和职业培训服务机构及其他社会力量为补充的退役士兵职业教育培训多中心格局，健全公办和民办并举的退役士兵职业教育培训体系。二是政府通过企业职业培训政策法律保障、强制企业职业培训经费提取、企业职业培训财政支持和税收优惠等方式鼓励企业积极参与退役士兵的人力资源职业培训。三是健全企业退役士兵职业教育培训系统，大力吸引退役士兵到企业就业。要大力做好退役士兵职业教育培训需求调研工作，摸清不同岗位胜任力要求和个体的多元化诉求，在此基础上，科学推进培训规划，采取课堂培训和实践锻炼、课内讲授和课外观摩、能力提升和素质拓展相结合的方法，培养退役士兵的专业能力和沟通协调、团队合作、管理技巧等综合素质。要重视对退役士兵教育培训效果的评估，采用科学的方法对员工培训后态度的转变、行为的改进、技能的提高和工作绩效的改善进行全方位、多维度的评价。在此基础上，把优秀的退役士兵及时补充到企业人力资源队伍中来。

（三）完善退役士兵现代职业教育体系

为了更好地提高退役士兵职业教育项目的吸引力，一是要推进职业院校转型发展。围绕现代产业需求和退役士兵岗位能力要求，以定向招生、定向培养、定向就业的形式培养关键岗位的紧缺人才；按照先进、实用、理论联系实际的原则，重新调整针对退役士兵的职业教育课程内容体系，进行课程内容综合化改革；在课堂上，推进教学方式多元化，着力提高学生实践能力。在考核方面，引入行业专家、同行专家等主体，推进多维考核评价和过程考核。进而提升退役士兵职业教育质量。二是依托区域职教资源，创办退役士兵职业大学。基本运作模式是以初中以上文化程度且就业愿望强烈的退役士兵群体为主要招生对象，以政府投入为主在城乡产业基础较为集中的区域设立连锁教学网点，坚持学历教育和职业技能训练并重的办学方针，根据退役士兵注重尽快就业和接受新事物较快的特点，设置实用性课程体系，采取"短、平、快"方式，利用开放式师资推进多元化教学范式，以提高退役士兵职业教育质量。

（四）健全退役士兵进行教育培训的自我管理机制

一是加强自我教育工作。不仅要从员工职业发展的角度出发，为他们提供知识学习和技能提升的机会，更要强化教育培训对人力资源开发重要性的思想政治教育工作，健全退役士兵进行教育培训的自我组织、自我参与和自我学习的激励机制，提高个人进行人力资本投资的直接收益。二是完善退役士兵教育培训和就业衔接机制。强化就业准入制度，使受过职业教育培训的退役士兵能够获得职业资格技能证书并顺利实现就业。三是强化退役士兵职业生涯规划指导。企业和各类社会组织要大力开展退役士兵职业咨询和职业生涯规划工作，为退役士兵的岗位就业、职位晋升、职业发展和职业保障提供科学指导，提高参与教育培训、提高人力资本的积极性和主动性。

通过教育培训来提升退役士兵职业能力和产业素质是实现退役士兵人力资本开发，解决退役士兵就业安置问题的重要方式。中小企业在吸纳退役士兵就业过程中，面临职业教育培训实效性有待提升、就业促进机制不完善、参与教育培训的积极性不高、教育培训和就业促进缺乏有效的整合等主要问题。基于现实需要，本书根据生态关系原理总结了退役士兵教育培训的学分制银行、校企深度合作、区域协作等三种典型模式，通过比较研究方法探讨了不同模式的实施原则、适用条件、难点阻力和配套机制。

第十四章　中小企业员工投入问题研究
——生态基因管理方法的应用

在生态学上,基因是具有遗传效应的DNA片段,基因是控制生物性状的基本遗传单位。基因支持着生命的基本构造和性能,储存着生命的种族、血型、孕育、生长、凋亡等过程的全部信息。环境和遗传的互相依赖,演绎着生命的繁衍、细胞分裂和蛋白质合成等重要生理过程。生物体的生、长、衰、病、老、死等一切生命现象都与基因有关。它也是决定生命健康的内在因素。因此,基因具有双重属性:物质性(存在方式)和信息性(根本属性)。相应地,文化基因是指相对于生物基因而言的非生物基因,主要指先天遗传和后天习得的,主动或被动、自觉与不自觉地置入人体内的最小信息单元和最小信息链路,主要表现为伦理、信念、习惯、价值观等。事实上,中小企业管理者已经明确感受到了文化基因在人力资源生态系统中的重要应用价值。本书针对家族企业员工投入问题为切入点,试图分析文化等生态基因管理在中小企业的应用问题。

研究表明,员工对工作的激情活力、专注程度、奉献程度,都会直接或间接地影响个人工作绩效和企业长远发展,员工工作投入度在企业竞争发展中起着决定性的作用。盖洛普公司曾研究了39家公司中7939个业务单位的员工投入情况，发现员工投入有助于改善企业的多种绩效，如增加顾客满意度、提高利润率和生产率、降低员工流动率等。随着积极心理学的兴起，人们开始将研究视角由过去关注人的消极和病理的方面转移到积极的心理和行为等方面。在这种研究取向的影响下，作为个体积极状态的工作投入进入研究者关注的范围并逐渐成为心理学和组织行为学研究的热点。

一、工作投入研究述评

卡恩（Kahn，1990）于1990年首次提出工作投入的概念，并将其定义为组织成员控制自我以使自我与工作角色相结合，并将工作投入分为生理、认知和情绪等3个维度；马斯拉奇（Maslach，1997）等认为工作投入包含精力、卷入和效能三个维度；肖菲丽（Schaufeli，2002）等认为工作投入的维度有活力、奉献和专注；布瑞特（Britt，2001）等认为工作投入包含责任感、承诺和绩效影响知觉3个维度。梅、吉尔森、哈特（May，Gilson和Harter，2004）把工作投入分为身体成分、情感成分和认知成分等3个维度。综合已有的研究成果，影响工作投入的因素可以概括为个体因素、组织因素和家庭因素。其中个体因素包括人格特征、心理状态、应对策略、自我效能感和个体恢复等；组织因素包括组织支持、职业压力、工作安全、工作控制、组织公平、组织承诺等；家庭因素如家庭结构等。对于提高员工投入度的对策，现有的研究主要是通过改善组织中的氛围、奖惩制度的公平性，提高员工之间的沟通，采用多样化的激励方式，增强员工的工作动机（内部动机和外部动机），激励员工对工作的投入，进而提升员工的工作绩效。不可否认，这些卓有成效的理论研究有力地推动了员工投入度的增强，但不同文化背景下的员工工作投入是不同的，国外理论研究成果因缺少中国文化背景的考察而没有说服力和针对性，提出的对策建议应用到中国企业中也很可能"水土不服"。

二、中小企业员工工作投入的文化考察

本书在跨文化的研究基础上，运用质性研究方法，即以研究者本人作为研究工具，在中小家族企业自然情景中采用多种资料收集方法对员工工作投入现象进行整体性探究，使用归纳法分析资料和形成理论，通过与研究对象互动，基于中国文化背景探讨中小家族企业员工工作投入影响机理，对工作投入行为和意义建构获得解释性理解。

（一）"家文化"对员工工作投入的影响

有学者提出，中国当代中小家族企业是指以中国"家文化"为核心，以血缘、亲缘关系为纽带，由一个家族或几个家族基本占有企业资产所有权、掌握企业经营权，采取家长制决策和管理的企业。笔者认为中小家族企业"家文化"对员工工作投入的影响主要表现在以下几个方面：第一，"家族文化"是提高工作投入度的精神支柱。"光宗耀祖"是传统中国人的生活追求，宗族成员一荣俱荣，一损俱损，"一人得道，鸡犬升天"。因此，在中小家族企业，员工从

上至下大多是同姓同族的,"光耀门楣"可以产生强烈的成就动机,促使员工去追求事业的成功。第二,"团队文化"是提高工作投入度的组织基础。先天的不足和缺陷使得中小家族企业在创业和发展中往往面临资金、技术、人员等方面的困难,血浓于水的家族团队文化显示了企业员工的胆识和气魄,使他们能够有较高的精力和心理韧性,愿意在工作中付诸努力,并且当遇到困难时也能坚持和克服。第三,"家庭文化"是提高工作投入度的先决条件。中小家族企业的"家庭文化"表现的员工之间相亲相爱、相互帮助、相互扶持、同舟共济,是员工全身心地投入工作中的精神动力。第四,"人格文化"是提高工作投入度的关键因素。中国中小家族企业的创业者或领导者大多具有中华民族的优良传统,勤俭朴素、吃苦耐劳、敢闯敢冒、崇尚自立,中小家族企业创立者的这些独特"人格文化",无时无刻都在支配着家庭成员和普通员工的工作投入行为,使所有的员工具有较高的责任意识,将更多的精力投入工作中,完成任务,最终体验较高的职业效能感。当然,中小家族企业"家文化"中的狭隘宗族观念、家长制决策文化、个人专断观念,忽视员工的广泛参与,必然会增加决策风险,很容易挫伤员工工作积极性,抑制员工工作投入的动力。

(二)"面子文化"对员工工作投入的影响

对人的尊重,是所有优秀企业文化的共性。但是对于中小家族企业,"面子文化"表现得更为突出。第一,"面子文化"对家庭成员工作投入的影响。自始至终,家族成员作为企业组织行动的发起人与关键核心,面子不仅代表着体面、人格甚至是尊严,更体现着一种身份和地位。虽然创业初期家庭成员可以共苦,但创业后论荣辱、排座次之时不可以同甘,为了所谓的"体面"和"尊严",兄弟之间、父子之间常常反目,严重影响家庭成员工作投入的程度,给中小家族企业的可持续成长造成了阻碍。另一方面,为了保持家庭成员的一团和气,或者使家庭成员享受特殊的待遇——"有面子",常常在组织运作中,放弃了工作原则和制度规范,去照顾家庭成员的面子或者互给面子,造成组织公平感缺失,组织精神涣散,员工工作消极情绪骤增。第二,"面子文化"对非亲缘员工的工作情感投入的影响。中小家族企业在创业发展中的特殊性使得中小家族企业主和非亲缘员工往往会产生千丝万缕的情感联系,非亲缘员工抱着"知恩图报"的思想,会产生知遇之情、赏识之亲、重用之恩,会以加倍的努力去报答,在工作中鞠躬尽瘁。当然,在中小家族企业成功之后,家庭成员可能容易滋生自满心理和懈怠情绪,不自觉地排斥新文化、新观点、新理念,听不进非亲缘员工的创新性意见和建议,这势必会挫伤员工工作投入的积极性。

(三)"关系文化"对员工工作投入的影响

费孝通先生提出的"差序格局"概念,认为中国人以自己为中心,将有来往的人依据亲疏远近分为几个"同心圆";越亲近的人,与自我中心越近,且与不同差序的他人有不同的交往法则。中小家族企业的发展大多利用血缘、亲缘、地缘这种先天的社会关系作为经济活动的基础,因此,在某种程度上说,中小家族企业文化可以理解为"差序格局"式的"关系本位"文化。第一,"关系文化"对员工工作投入的正面影响。研究发现,以血缘、亲缘、地缘、学缘为纽带的"关系文化"使中小家族企业更易形成社群或团体。在这种具有相同利益或者相同成分的群落"圈子"中,圈内人更愿意从事更多的回报行为和组织公民行为，包括利他行为、尽职行为、维护人际和谐、保护公司资源等未被正常的报酬体系所明确和直接规定的自觉的个体行为。另一方面按"差序格局"式"关系文化"的亲疏远近原则衍生的亲信也在一定程度上有利于某些员工工作投入度的提高。亲信常被视为企业主的左膀右臂，他们会感激领导的信任和欣赏而积极建言献策，不仅凝聚力强，而且信心足，这无疑会提高他们的工作投入度。第二，"关系文化"对员工工作投入负面的影响。中小家族企业的"关系文化"在组织内产生"圈内人"和"圈外人"的区别。"圈内人"认为自己是小团体的主人，而"圈外人"则在一种相对边缘化的状态中徘徊游离，担心自己的建议得不到领导的肯定，即使说了也没有很大意义，于是选择消极的顺从和沉默，影响了工作投入。另一方面中小家族企业的内部也容易拉帮结派，形成不同派系，造成派系纷争、企业内讧，会对员工的工作情绪产生影响。

三、提高中小企业员工工作投入度的主要对策

深度研究和解读影响中小家族企业员工工作投入的机理，我们发现，员工工作投入度高低的决定因素更多的不在于外在组织、制度等因素，而在于中小家族企业的文化基因，主要表现为信念、习惯、价值观等文化要素。因此，从文化基因识别和提取的研究视角探讨提高中小家族企业员工工作投入度的干预对策，不仅可以避免员工的"表面"投入，而且可以丰富工作投入的理论体系并指导企业制订有效的管理措施。

（一）构建具有融合特质的"大家文化"

近年来，在传统"家文化"背景下，中小家族企业员工缺少相应的工作权限，能力发挥受阻，限制了职务和薪酬的升迁，工作情绪自然低下，慢慢形成了倦怠心理。因此，要提高中小家族企业员工的工作投入度，必须识别和提取现代文化的融合基因，让不同特质的文化通过相互接触、交流进而相互吸收、渗透，实现中小家族企业文化从"小家文化"到"大家文化"的过渡。第一，弘扬传统"家文化"的思想精髓，突出家庭亲合力的特色，倡导相亲相爱、和衷共济、人性关怀的独特企业文化传统，培育全体员工的共同价值观念、文化氛围以及广大员工认同的道德规范和行为方式，以对员工提高工作投入度产生潜在的说服力。第二，接受共生型的"大家文化"。传统"家文化"要与社会文化、时尚文化、人本文化、大众文化等文化形态融合，尊重带有不同文化烙印的人力资源个体和团体的主体性，尊重他们的不完善性和追求完善的愿望、尊重他们的人格、尊重他们的选择性，依据组织具有融合特质的"大家文化"、精神氛围进行的人格化管理，依靠人性解放、民主管理、科学激励等非强制的方式，激发所有员工主动参与和投身工作的主动性和创造性，实现"小家"与"大家"的契合。

（二）完善具有民主特质的"参与文化"

面子是根植于中小家族企业文化的社会心理建构，克服"面子文化"对员工工作投入的消极影响必须利用民主文化特质，完善"参与文化"。第一，摒弃脸面因素，避免家族成员消极参与。中小家族企业的管理者应克服狭隘的面子观念，突破亲属障碍，一方面免去缺乏胜任力的家族成员的职位；另一方面，可以把家庭成员送往发达国家学习现代企业管理理论与方法，学成再回来供职。第二，克服人情因素，实行现代产权制度，调动非家庭成员工作投入的积极性。管理学大师德鲁克曾提出：中小家族企业要能生存和保持有效运作，在高层管理人员中，无论有多少家族成员，也无论他们多么出色，也至少要有一位非家族成员。因此要把家族所有权与企业经营权分开，推进现代企业管理制度，强化制度而非人情的约束、激励功能，聘用具有高素质、高能力、高绩效的非家庭成员参与企业经营并委以重任，打造参与性文化。第三，充分利用面子文化的有利因素，有效授权，提高基层管理者和普通员工的参与度。对基层管理者的能力予以充分的信任，赋予相应的责、权、利，鼓励其创造性地完成工作，必然能够提高基层管理者和普通员工的参与度，使中小家族企业成员将自我与工作角色相结合，推动高水平的工作投入。

（三）形成团体格局式的"信任文化"

要打破中小家族企业文化中"差序格局"式"关系本位"文化对员工工作投入带来的消极影响，必须寻找提高中小家族企业员工工作投入度的文化基因，那就是"信任"。第一，构建陌生人信任关系。只有改变过去熟人之间私人性的信任，强调陌生人之间所形成的信任，才能形成普通员工的积极参与网络，促进合作行为来提高员工工作投入的积极性。第二，模糊员工分类。摒弃传统组织管理中按照员工与自己关系的亲疏及忠诚度高低和才能大小进行归类的做法，改变自己人与外人的差别对待观念，对所有员工充分信任、一视同仁，树立培养可以永续的信任观念和文化，在企业内部逐渐形成个体平等参与的氛围和主动投入工作的内聚力。第三，组织结构重组。要真正实现团体格局式的信任文化，必须依据"大部制"原则重组中小家族企业传统"金字塔"组织结构，提高满足员工自主性需求的效率和主动工作投入的动机。具体办法有两种：一是利用最上层领导的决策和影响力压缩职能部门和机构，减少组织层次，使中小家族企业主直接面对各个班组，一线员工的需求直接通达班组，再由班组通达经理层；二是要权力下放，大部制需要决策和执行的权力空间，这有助于及时满足员工不同时间、层次的主体性诉求。总之，要消弱原先密切的、地域性的血缘和亲缘群体文化对员工工作投入度的消极影响，就必须将信任文化基因传播到中小家族企业的各个角落，实现崇尚关系本位的差序格局，向体现个体间平等的团体格局推进。

后 记

近年来，笔者结合所学专业领域一直致力于人力资源管理方面的研究，重点从学科交叉的视角关注中小企业问题。本书在对中小企业人力资源管理和生态系统共通性研究基础上，通过借用生态学语言、生态学原理以及生态学方法描述与探索中小企业人力资源生态系统运行机理，明确中小企业内外环境的依存互动关系，探讨生态管理模式和方法在人力资源规划、员工招聘、绩效考核、薪酬管理、劳动关系等中小企业人力资源管理领域中的应用问题，丰富了中小企业人力资源管理理论研究的方法体系。本书进一步明确和深化了中小企业人力资源管理生态系统之间相互联系、相互支撑、相互影响、相互依存的内在规律的认识，为中小企业人力资源管理理论研究提供了新的视野、新的逻辑和新的方法，这将有助于更好地指导我国中小企业人力资源管理的具体实践。

本书完成之际，要特别感谢恩师章群教授和曾狄教授，他们以开阔的视野、严谨的态度督促和指导着我人生努力的方向。感谢孙泽平教授、谭宏教授、漆新贵教授、宋凡金教授、陈天培教授、刘定祥教授在本书写作过程中提出的宝贵建议和认真指导，感谢冯海芳老师、周燕老师、硕士生万源和陈科颖在部分章节写作中的积极参与和辛勤付出，感谢教育部人文社科项目给予的研究平台。感谢北京人文在线文化艺术有限公司和中央编译出版社给予的大力支持和热情的帮助。感谢我们的父母，他们含辛茹苦、毫无怨言，十年来一直默默地付出，为我们的家庭做出了大量牺牲。感谢我们5岁的女儿王攀越，这些年来父母陪伴是有限的，但陪伴女儿的每一刻，总有一种莫名的感动和欣慰。感谢弟弟、妹妹和亲人，亲情和感动让我们一路走来收获满满的幸福！

田书芹　王东强
2016年冬于重庆

参考文献

专著教材类：

[1] 尤里奇等著：《高绩效的 HR：未来 HR 的六项修炼》，钱峰译，中国电力出版社 2014 年版。

[2]〔美〕罗伯特·卡普兰、〔美〕大卫·诺顿：《战略地图——化无形资产为有形成果》，刘俊勇、孙薇译，广东经济出版社 2005 年版。

[3]〔美〕布莱恩·贝克、〔美〕马克·休斯理德、迪夫·乌里奇著：《人力资源计分卡》，郑晓明译，机械工业出版社 2003 年版。

[4]〔日〕佐藤学：《学习的快乐：走向对话》，钟启泉译，教育科学出版社 2004 年版。

[5] 董克用：《人力资源管理概论》，中国人民大学出版社 2011 年版。

[6] 费孝通：《乡土中国》，三联书店 1985 年版。

[7] 田书芹、王东强：《生态人力资源管理研究》，电子科技大学出版社 2011 年版。

[8] 曹凑贵：《生态学概论》，高等教育出版社 2006 年版。

[9] 姜晓萍：《薪酬管理》，四川大学出版社 2007 年版。

[10] 金延平：《薪酬管理》，东北财经大学出版社 2008 年版。

[11] 逸凡、于晓娟：《苏宁管理模式全集》，武汉大学出版社 2010 年版。

[12] 吴彤：《自组织方法论研究》，清华大学出版社 2004 年版。

[13] 胡宏峻：《成为职业经理人》，上海交通大学出版社 2004 年版。

[14] 段华洽：《公共部门人力资源管理》，安徽大学出版社 2008 年版。

[15] 颜爱民：《人力资源生态系统导论——系统的初步构建与应用研究》，经济管理出版社 2011 年版。

[16] 费英秋：《中小企业人力资源管理》，经济管理出版社 2012 年版。

[17] 钱程：《人力资本生态论：危机中的人才流动》，中国言实出版社 2014 年版。

[18] 黄梅：《人才生态的理论探讨与管理创新》，经济科学出版社 2014 年版。

[19] 韩国元、刘小畅：《中小企业人力资源组织与管理》，哈尔滨工程大学出版社 2015 年版。

[20] 张浩：《新编中小企业人力资源管理制度全书》，北京工业大学出版社 2016 年版。

期刊类：

[1] 颜爱民：《人力资源生态系统刍论》，载《中南大学学报》（社会科学版），2006 年第 1 期。

[2] 田书芹、王东强：《基于人力资源管理生态系统的雇主品牌

塑造》，载《企业经济》，2010年第7期。

［3］盖宏伟、塔娜：《人力资源生态位的优化对策研究》，载《赤峰学院学报》（汉文哲学社会科学版），2013年第10期。

［4］罗恩立：《新生代农民工就业能力问题初探：一个分析的框架》，载《经济问题探索》，2010年第3期，第50页。

［5］周道玮、钟秀丽：《干扰生态理论的基本概念和扰动生态学理论框架》，载《东北师范大学学报》（自然科学版），1996年第1期。

［6］季孝龙：《"双重边缘人"——城市农民工的身份研究》，《西安外事学院学报》，2008年第1期。

［7］田书芹：《员工沉默的形成机理与应对之策》，《中国人力资源开发》，2009年第6期。

［8］张纬武、王东强：《新生代农民工培训的法律保障机制探析》，《职业技术教育》，2011年第34期。

［9］彭移风：《企业如何开展心理培训》，《中国人力资源开发》，2007年第4期。

［10］顾建平：《知识员工薪酬支付过程激励的实证研究》，《财贸研究》，2005年第2期。

［11］杨家勇、吴瑞敏：《薪酬支付的过程激励》，《经济与社会发展》，2003年第6期。

［12］刘学鹏：《企业如何利用微博进行有效招聘》，《电子世界》，2013年第2期。

［13］萧秋水：《网络招聘技巧》，《企业管理》，2012年第8期。

［14］孙贻文、廖渐帆、陈江：《企业招聘的未来发展趋势——从说到做》，《中国人力资源开发》，2013年第9期。

［15］卞艳艳：《平衡计分卡与战略地图应用研究——基于如家快捷酒店案例分析》，《中国商贸》，2012年第7期。

［16］刘俊勇：《人力资本准备度的衡量与提升》，《首席财务官》，2007年第3期。

［17］王东强、兰觉明、田书芹：《农村中小学教师置换脱产培训实效性评价体系研究》，《教学与管理》，2011年第3期。

［18］张桂平、廖建桥：《用"圈子"文化管理员工沉默行为》，《中国人力资源开发》，2009年第6期。

［19］安广义：《工作投入研究综述》，《广东工业大学学报》（社会科学版），2010年第3期。

［20］白景坤、王丽华：《中国当代中小企业的发展特点、困境及其突破》，《特区经济》，2006年第5期。

［21］李书进：《中小企业文化创新探析》，《商场现代化》，2007年第20期。

［22］龚基云：《转型期中国劳动关系的社会影响》，《辽宁经济》，2008年第7期。

［23］李小鲁：《论劳动争议调解制度的创新与完善》，《中国劳动关系学院学报》，2010年第5期。

［24］王菁：《新〈劳动合同法〉对农民工劳动关系的影响》，《湖北社会科学》，2009年第3期。

［25］覃文希：《社会化招聘的实践与展望》，《现代商业》，2012年第8期。

［26］萧秋水：《网络招聘技巧》，《企业管理》，2012年第8期。

［27］王东强等：《基于生态加环原理的员工离职流程管理研究》，《企业经济》，2011年第3期。

［28］潘从文等：《私募股权基金治理研究综述》，《经济学动态》，2010年第8期。

［29］肖宇：《股权投资基金治理机制研究——以有限合伙制基金

为中心》,《社会科学研究》,2010年第3期。

［30］赵林、赵湘怀:《融资方式与风险投资企业的治理——对"有限合伙制"的一种解读》,《财经科学》,2003年第3期。

［31］张维迎:《所有制、治理结构及委托——代理关系——兼评崔之元和周其仁的一些观点》,《经济研究》,1996年第9期。

［32］周其仁:《市场里的企业:一个人力资本与非人力资本的特别合约》,《经济研究》,1996年第6期。

［33］陈尚达:《科学发展观与大学生学习生态建设》,《学术论坛》,2009年第11期。

［34］王永瑞、韩燕:《未来学习型组织的有效学习机制构建》,《未来与发展》,2010年第1期。

［35］郑葳、王大为:《生态学习观及其教育实践启示》,《教育研究与实践》,2006年第1期。

［36］张豪锋、卜彩丽:《略论学习生态系统》,《中国远程教育》,2007年第4期。

［37］姚裕群等:《关于我国大学生就业难问题的讨论综述》,《人口与经济》,2008年第3期。

［38］叶剑峰:《面对"用工荒"与"就业难"的尴尬》,《中国人力资源开发》,2012年第4期。

［39］王阳:《企业谈大学生就业及能力开发》,《中国人力资源开发》,2006年第6期。

［40］王培刚、周长城:《当前中国居民收入差距扩大的实证分析与动态研究》,《管理世界》,2005年第11期。

［41］陈心广、余松林、陈立功:《偏相关系数和偏回归系数的统计解析与意义》,《中国卫生统计》,1996年第6期。

［42］何东云:《佛山民营经济的现状及发展对策》,《经济师》,

2004年第8期。

［43］郑奇伟：《佛山退役士兵培训方式的探索》，《职教论坛》，2009年第10期。

［44］王重茁：《复退军人培训模式初探》，《成人教育》，2004年第11期。

［45］林娟：《依托行业背景创新职业培训模式的实践》，《职业技术教育》，2009年第26期。

［46］廖国庚：《论我国退役士兵自主就业制度的完善》，《军事经济研究》，2012年第7期。

其他类：

［1］田俊荣、吴秋余：《新常态，新在哪？》，《人民日报》2014年8月4日。

［2］黄瑶：《顺应移动互联时代"新常态"，人力资源供应商的新挑战》，《第一财经日报》2014年12月31日。

［3］陆绮雯：《中外社交网站争食招聘"蛋糕"》，《解放日报》2012年8月29日。

［4］李红：《玩微博成新职业，微人才月薪四千元一将难求》，《河南日报》2011年12月08日。

［5］吴翠峰：《10名投了微简历的同学，华西都市报请你今日"微面试"》，《华西都市报》2011年4月24日。

［6］汪洋：《建设"一圈两翼"渝东北片区专题会议总结讲话》，《重庆日报》2007年6月23日。

［7］袁宝成：《改革不停顿，开放不止步，不断增创发展新优势》，《东莞日报》2013年3月5日。

［8］陈胜君：《制度设计：努力构建农民工劳动关系保障体系》，《工人日报》2006年4月11日。

［9］百度百科：《生态交错区》，http://baike.baidu.com/view/1975682.htm。

［10］苏永华：《中国人力资源"新常态"下企业人力资源管理的转型之路》，诺姆四达网，http://www.normstar.com/ideainfo-96.aspx。

［11］佚名：《人力资源生态位界定及测度》，《百度文库》，http://wenku.baidu.com/link。

［12］易观智库：《2014年基于微信的O2O将会发展迅猛》，http://www.enfodesk.com/SMinisite/newinfo/articledetail-id-396137，2014-01-02。

［13］易观报告：《移动互联网仍是屌丝天下》，http://tech.sina.com.cn/i/2013-12-19/22409022860.shtml，2013-12-19。

［14］李文武：《视频招聘与微信招聘的优缺点》，中国人力资源开发网，http://www.chinahrd.net/recruitment-selection/recruitment-strategy/2014/0211/209337.html，2014-02-11。

［15］豆瓣网：《联想如何部署基于微信的移动招聘战略》，http://www.douban.com/group/topic/52439083，2014-02-11。

［16］速途研究院：《2013年微信用户行为分析报告》，http://net.chinabyte.com/161/12644161.shtml，2013-06-20。

［17］佐佑管理顾问公司官网：《人才准备度：转型企业人才战略之钥》，http://www.zuoyou.com/Html/2010/05/201005141711277747958 7.html，2009-06-09。

［18］吴成云：《HRM十大新视角之九：如何提高人力资源准备度》，http://blog.sina.com.cn/s/blog_54b7195c01000aph.html，2007-11-06。

［19］郝君帅：《行动学习案例：提升战略思维》，商业评论网，

http://www.ebusinessreview.cn/articledetail-117107.html，2012-03-14。

［20］George Siemens：Learning ecology，Communities And Networks，http:/elearnspace.org.2003-7-11。

［21］百度百科：《制度红利》，http:/baike.baidu.com/link。

［22］杨清扬：《解决民工心理问题，不仅是心理培训》，南海网，http://www.hinews.cn，2010-09-07。

［23］孟庆伟：《透视大学生就业难后面七大深层问题》，中国经济网，http://www.ce.cn，2006-10-03。

［24］刘彤霞：《公务员与外资企业员工职业生涯发展比较研究》，华东师范大学硕士论文，2010。

［25］王东强：《生态学视域下高校思想政治教育主体研究》，西南财经大学博士论文，2013。

［26］国家统计局：《2012年国民经济和社会发展统计公报》，2013年2月22日。

［27］宋豫秦：《生态过渡带之人地关系刍议》，周昆叔主编：《环境考古学研究（第二辑）》，科学出版社2000年版。